CW00764595

Claire Pinson

LE RÉGIME ZEN

• MARABOUT •

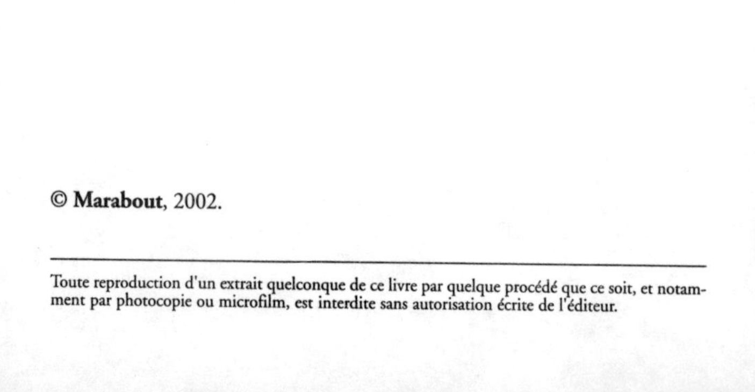

Sommaire

Introduction

Les Japonais ont l'espérance de vie la plus élevée au monde : 77 ans pour les hommes et 84 pour les femmes, alors qu'en France elle se situe actuellement à 74 ans pour les hommes et 82 ans pour les femmes. Selon les données du ministère japonais de la Santé et du Bien-être social, d'ici l'an 2025, le quart de la population du pays aura plus de 65 ans, comparativement à 15 % actuellement.

Ce miracle est en grande partie dû à la nature de l'alimentation de ces populations. Une alimentation saine, protectrice et équilibrée. Une alimentation pauvre en matières grasses et en sucres rapides. Une alimentation riche en riz, en soja et en thé…

L'observation et les études épidémiologiques démontrent que la santé des Asiatiques en général, et des Japonais en particulier, est en grande partie liée à la consommation de soja et de ses dérivés - farine, tofu, tonyu (lait de soja), miso… Ce «roi des médicaments», comme l'a surnommé le docteur Szu-Miao, taoïste renommé du début de la période Tang, est un facteur important dans la prévention de certaines formes de cancer, des maladies cardio-vasculaires, de l'ostéoporose. De plus, le soja stabilise le glucose sanguin et s'avère d'un grand secours lors de la ménopause.

Autres aliments phare de l'alimentation des Japonais : le

poisson, riche en acides très longs et très polyinsaturés, dont les effets protecteurs sur le cœur et les artères ne sont plus à démontrer, et le riz, riche en fibres alimentaires et en sucres lents, et pratiquement dépourvu de matières grasses.

Mais l'avantage majeur de ce régime venu d'Orient est de permettre de maigrir et de rester mince. S'il est vrai que l'alimentation des Français est excellente pour la santé, elle ne l'est pas toujours pour la ligne. Quant au régime crétois, revisité à la française, il a tendance à être trop riche en graisses qui, même si elles sont bonnes pour le cœur, font toujours 9 calories par gramme…

Ce régime vous permettra de devenir et de rester « zen », car vous serez à la fois mince et en excellente santé. Comme les Japonais, vous bénéficierez des effets exceptionnels du soja, du poisson, des légumes et du riz.

Après avoir exposé en détails toutes les propriétés des aliments qui font le bien-être des Japonais, l'auteur de cet ouvrage vous fournit les astuces pour remodeler votre alimentation occidentale façon régime zen, afin de ne pas bousculer de manière radicale vos habitudes alimentaires. Il passe ensuite en revue toutes les propriétés anti-cancer, anti-vieillissement et anti-infarctus de ces substances qui méritent de figurer pour toujours à vos menus.

Et pour passer de la théorie à la pratique, vous pourrez tester l'une des cent recettes traditionnelles japonaises ou occidentales qui vous permettront de conserver ligne et santé.

CHAPITRE 1

Les grandes lignes du régime zen

MATIÈRES GRASSES : FAITES LE BON CHOIX !

Vous n'êtes pas sans savoir que la consommation excessive de matières grasses génère des problèmes de santé. En premier lieu : le surpoids, qui lui-même peut provoquer d'autres troubles tels que l'hypertension, l'arthrose, l'apnée du sommeil…

Une fois oxydées, certaines matières grasses deviennent nocives pour l'organisme, car très riches en molécules d'hydroperoxyde lipidique, de dangereux radicaux libres qui, détruisant tout sur leur passage, accélèrent de manière affolante le phénomène de vieillissement cellulaire.

Si l'on veut, à l'instar des Japonais, vivre vieux et en bonne santé, il convient de faire sciemment ce que leur culture leur dicte depuis des millénaires : choisir soigneusement les bonnes matières grasses qui, plutôt que de nous pousser vite et bien dans la tombe, nous permettront de vivre âgés et en pleine santé.

Ces matières grasses « miracles » sont présentes dans deux catégories d'aliments à faire figurer en bonne place dans votre alimentation. Il s'agit du poisson, riche en acides gras oméga-3 et de certaines huiles végétales, riches en acides gras monoinsaturés oméga-9 et polyinsaturés oméga-3.

LES ACIDES GRAS SATURÉS

Les matières grasses saturées, présentes dans les viandes, charcuteries et laitages gras, ont la fâcheuse manie de se déposer dans la paroi des artères, diminuant ainsi leur lumière, et de former, à la longue, des caillots qui hélas peuvent boucher une artère, empêchant un organe vital d'être approvisionné en oxygène via le sang. Ces matières grasses saturées ont également le défaut de s'oxyder très rapidement.

C'est aussi la particularité d'autres matières grasses qui, même si elles sont d'origine végétale, n'en sont pas moins nocives : il s'agit des acides gras polyinsaturés oméga-6.

Les acides gras polyinsaturés oméga-6

Ils sont présents principalement dans les huiles végétales telles que l'huile de carthame, de tournesol ou de maïs.

Leur gros inconvénient, nous l'avons dit, est de rancir très rapidement et de fabriquer une grande quantité de radicaux libres, susceptibles d'accélérer le vieillissement.

Les acides gras polyinsaturés

Comme ils ne peuvent être fabriqués par l'organisme (à la différence des acides gras monoinsaturés), et qu'ils sont indispensables au bon fonctionnement du corps, les acides gras polyinsaturés doivent être apportés obligatoirement par l'alimentation quotidienne.

Il existe deux catégories principales d'acides gras polyinsaturés :

- Les acides gras polyinsaturés, famille à laquelle appartient l'acide alpha-linolénique oméga-3 : à consommer sans modération, ou peu s'en faut !
- Les acides gras polyinsaturés dont l'acide linoléique oméga-6 fait partie : à consommer en très petites quantités !

Les acides gras polyinsaturés oméga-3

Présents en grande quantité dans le poisson, les acides gras polyinsaturés oméga-3, qui font pourtant partie, comme leur nom l'indique, de la famille des graisses, ont un effet bénéfique sur la santé et sur la longévité. En effet, cette catégorie de lipides enraye la fabrication par l'organisme de substances particulières, les prostaglandines, qui auraient le désavantage de favoriser le développement de cancers, le dérèglement des fonctions des cellules, la sclérose des artères ou encore les douleurs articulaires. Leur grand avantage est de s'opposer à l'action destructrice des radicaux libres contenus dans les acides gras polyinsaturés oméga-6.

Le poisson

De par leur implantation géographique, les Japonais sont, depuis toujours, de gros consommateurs de poisson et de produits de la mer: chaque habitant consomme en moyenne 71 kg de poisson par an. Les Français, quant à eux, sont loin derrière avec 28 kg de poisson par an et par habitant...

Le poisson est un aliment fort nutritif, riche en vitamines, minéraux et protéines, qui peut occuper une place de choix dans une alimentation saine et ainsi contribuer au maintien d'une bonne santé. Plus spécialement, les scientifiques ont montré qu'un certain type d'acides gras polyinsaturés, appelés acides gras "oméga-3", qui se retrouvent dans les poissons gras, détiennent des effets bénéfiques pour la santé.

Les vertus du poisson

Tous les poissons, et en particulier les poissons de mer à chair grasse, contiennent des acides gras polyinsaturés oméga-3. Ces substances ont, nous l'avons dit, des effets extrêmement bénéfiques pour la santé.

Manger du poisson permet de lutter contre l'athérosclérose

L'athérosclérose est une maladie dans laquelle les artères sont obstruées par des plaques d'athérome, constituées principalement de cholestérol. Elle siège surtout sur les vaisseaux coronariens et sur l'aorte.

De nombreuses études ont mis en évidence que consommer du poisson (au moins 230 g par semaine, soit deux petites portions), permettait d'éviter la formation de plaques d'athérome. Le saumon et les sardines semblent être d'une efficacité redoutable.

Une étude, lancée aux Etats-Unis en 1988, sous l'égide du Dr Mozaffarian, et présentée dernièrement à la conférence annuelle de l'American Heart, a démontré que le fait de consommer du poisson gras au moins une fois par semaine diminuait de 44 % le risque d'être victime d'une crise cardiaque fatale. Cette étude portait sur un groupe de 4000 individus environ, d'une moyenne d'âge de 72 ans, et ne présentant à l'origine aucune maladie cardio-vasculaire connue. Le taux sanguin d'acides gras polyinsaturés oméga-3 était nettement supérieur chez ces personnes que chez celles consommant peu ou pas de poisson. En revanche, il convient de privilégier les poissons gras non frits... plutôt que les poissons maigres frits. On comprend aisément pourquoi.

Manger du poisson permet de prévenir les accidents vasculaires cérébraux

De nombreuses études ont mis en évidence le fait que les consommateurs de poissons gras, riches en acides gras polyinsaturés oméga-3, étaient moins exposés aux accidents vasculaires cérébraux que ceux qui n'en consommaient pas ou peu.

Ainsi, les résultats d'une étude menée par des chercheurs danois ont fait apparaître le fait que la consommation régulière de poisson (au moins 150 g par semaine) réduisait le risque d'accident vasculaire cérébral : les mangeurs de poisson présentent deux fois moins de risques de développer un AVC que ceux qui n'en consomment pas ou peu.

En effet, les acides gras polyinsaturés oméga-3 contribuent à dissoudre les caillots sanguins qui provoquent généralement les AVC.

Une autre étude, américaine cette fois, publiée dans le Journal of the American Medical Association, a souligné le fait que la consommation importante de poisson entraînait la diminution du risque d'AVC global chez la femme. Néanmoins, les acides gras polyinsaturés oméga-3 n'empêchent pas la survenue d'AVC hémorragiques.

Cette étude, menée sous l'égide du Dr Iso et de ses collaborateurs, a porté sur 79 839 femmes, âgées de 34 à 59 ans au début de l'étude, soit en 1980. Toutes ces femmes, qui ne présentaient pas d'antécédent de maladie cardio-vasculaire, de cancer, de diabète ou d'hypercholestérolémie, ont été suivies pendant 14 ans, après avoir rempli scrupuleusement un questionnaire portant sur leurs habitudes alimentaires.

Ils sont arrivés à la conclusion que les femmes qui consomment le plus d'acides gras polyinsaturés oméga-3 ont un risque réduit d'AVC global.

Manger du poisson permet de réduire l'hypertension

La pression sanguine ou artérielle peut se définir comme la force motrice qui fait circuler le sang à travers tout le corps. Il y a hypertension artérielle quand la pression artérielle est augmentée de manière chronique.

L'hypertension artérielle favorise l'apparition de l'athérosclérose, des maladies cardio-vasculaires et des accidents vasculaires cérébraux.

La consommation d'acides gras polyinsaturés oméga-3 abaisse notamment la tension artérielle, et c'est ce qui est intéressant chez les personnes ayant une tension artérielle élevée. Parallèlement, il convient de réduire sa consommation globale de lipides (hormis les acides gras polyinsaturés oméga-3 bien entendu).

En outre, les graisses contenues dans le poisson contribuent à potentialiser l'effet d'une diminution de la consommation de sel qui, peut-être le savez-vous, favorise l'hypertension : on conseille en effet aux hypertendus de limiter leur consommation de sel.

Manger du poisson permet d'augmenter le taux de bon cholestérol

Il existe deux cholestérols : le bon (HDL), qui protège contre les maladies cardio-vasculaires, et le mauvais (LDL), qui a tendance à se déposer dans la paroi des artères, à les endommager, voire à les boucher.

Les acides gras polyinsaturés oméga-3 aident à abaisser le taux de mauvais cholestérol sanguin tout en préservant le "bon" cholestérol HDL.

De nombreuses études ont mis en évidence le fait que

la consommation de poisson gras diminuait le taux de mauvais cholestérol tout en augmentant le bon.

Manger du poisson permet de régulariser le rythme cardiaque

Les battements irréguliers du cœur sont susceptibles de provoquer une mort subite. Le fait de manger du poisson permet de prévenir l'arythmie cardiaque et la fibrillation ventriculaire. En outre, la consommation d'acides gras oméga-3 améliore la fonction du cœur en général.

En effet, de nombreux accidents cardiaques fatals sont dus à une arythmie ou une perturbation du rythme cardiaque, et les acides gras oméga-3 contenus dans les poissons gras réduisent le risque d'arythmie.

Manger du poisson permet d'empêcher le vieillissement prématuré

Les radicaux libres sont des molécules devenues instables et très réactives après la perte d'un électron. Ces molécules cherchent à rétablir l'équilibre en remplaçant cet électron manquant. Pour ce faire, elles s'attaquent à tout ce qui les entoure: lipides des membranes cellulaires, globules rouges et blancs… En récupérant leur électron manquant, elles obligent les atomes délestés de leur électron à chercher, à leur tour, l'électron qui leur fait défaut. S'ensuit une réaction en chaîne, difficile à stopper… les antioxydants constituent le procédé le plus efficace pour neutraliser les radicaux libres.

Les acides gras polyinsaturés oméga-3 sont des substances très antioxydantes. Ils permettent de contrer les radicaux libres, générateurs du vieillissement des cellules. Ainsi, ils seraient capables de contrer les effets destructeurs des radicaux libres, notamment en ralentissant la détérioration des organes. Une étude menée auprès de 9000 fumeurs ou ex-fumeurs a mis en évidence le fait que ceux qui mangeaient quatre portions de poisson par semaine étaient moins sujets à des infections pulmonaires que ceux qui n'en mangeaient que deux portions par mois.

Choisissez les bonnes huiles végétales

Certaines matières grasses exercent une action néfaste sur la santé : il s'agit des matières grasses saturées, contenues principalement dans les viandes grasses, la charcuterie et les produits laitiers gras, et des acides gras « trans », que l'on trouve dans les produits contenant des huiles végétales hydrogénées, c'est-à-dire transformées afin de faciliter leur consommation : la margarine, par exemple, issue généralement d'huile de maïs ou de tournesol, est riche en acides gras polyinsaturés transformés en acides gras « trans », qui augmentent le taux de cholestérol sanguin.

Dans le cadre du régime zen, vous devez consommer des huiles végétales, de préférence issues de l'agriculture, de 1re pression à froid.

Pour qu'une huile végétale soit bénéfique pour la santé, elle doit contenir une quantité intéressante d'acides gras oméga-3, ces acides gras qui permettent de contrer les effets destructeurs des radicaux libres. L'huile d'arachide, de sésame, de soja, de lin, de colza et d'olive en font partie. D'autre part, mieux vaut éviter la consommation excessive d'huiles riches en acides gras oméga-6, favorisant la multiplication des radicaux libres. Néanmoins, toutes les huiles végétales contiennent des acides gras oméga-3 et de la vitamine E (la vitamine qui permet aux huiles de lutter contre leur propre oxydation).

C'est pourquoi nous ne formulerons pas d'interdiction définitive quant à la consommation d'huiles végétales oméga-6 telles que l'huile de soja (54 % d'acides gras polyinsaturés oméga-6, mais 8 % d'oméga-3 et 23 % d'acides gras monoinsaturés) de noix (51 % d'acides gras polyinsaturés oméga-6), de sésame (41 %) ou d'arachide (33 %), mais mettrons un bémol sur la consommation d'huile de carthame (77 % d'acides gras polyinsaturés oméga-6), de tournesol (69 %) ou de maïs (61 %).

L'huile de sésame

L'huile de sésame a la réputation de favoriser jeunesse et hydratation de la peau. Utilisée dans de nombreux cosmétiques, elle est également présente dans l'alimentation. Elle permet notamment de protéger le système cardio-vasculaire, nerveux et cérébral. Elle est recommandée pour lutter contre le cholestérol, la déminéralisation, la dépression, la fatigue nerveuse et les troubles de la mémoire. Ses propriétés ne seront pas altérées jusqu'à une température de 150 °C. Elle a également la qualité de rester stable assez longtemps. Les Japonais l'utilisent beaucoup pour cuisiner : sa saveur de noisette étonne et ravit le palais…

L'huile d'arachide

L'huile d'arachide est très consommée au Japon. Son goût neutre lui permet de se marier avec n'importe quel plat, chaud ou froid. On peut en effet l'utiliser comme huile d'assaisonnement ou pour les cuissons ou les fritures. Très résistante à la chaleur, elle accepte des températures aussi élevées que 230 °C.

L'huile d'arachide constitue une force tranquille : sa stabilité et son taux relativement faible en acides gras polyinsaturés oméga-6 (acide linoléique) (33 %) et sa richesse en acides gras mono-insaturés oméga-9 (acide oléique) font en sorte qu'elle peut être couramment utilisée dans la cuisine internationale.

L'huile de lin

Le lin est une plante comptant de nombreux talents : sa paille est utilisée dans l'industrie textile, ses graines pour nourrir le bétail et pour faire de l'huile utilisée comme condiment ou… pour fabriquer de la peinture ou du savon ! Il était déjà cultivé par les Romains de l'Antiquité qui le baptisèrent *linum usitatissimum*, (littéralement « lin extrêmement utile »), tandis que les Egyptiens le désignaient par le nom de « clair de lune ».

L'huile de lin est un produit fragile, raffiné et sain, à l'arôme particulier, qui doit être consommé rapidement après ouverture afin d'éviter l'oxydation. Elle est riche en acides gras linoléiques oméga-6 (16 %), et contient davantage d'acides gras alpha-linoléniques oméga-3 (53 %) que toutes les autres huiles végétales, les bons acides gras qui permettent de lutter contre l'oxydation, d'agir dans le métabolisme du cholestérol, des triglycérides et dans la constitution des membranes cellulaires, ce qui rend sa consommation fort intéressante.

Elle entre dans la composition (à raison de deux cuillerées à café) de la célèbre crème Budwig, du nom de sa créatrice madame Johanna Budwig, pharmacienne. Ce petit déjeuner parfaitement équilibré a été ensuite préconisé par le Docteur Kousmine.

Les spécialistes conseillent de se procurer de l'huile issue de lin biologique. Les graines sont emmagasinées puis écrasées pour libérer une huile à une température de 28 °C, ensuite entreposée au frais pour décantation, puis filtrée afin de la débarrasser des résidus de graines qui découlent de la pression. Il est conseillé de choisir de l'huile de lin conditionnée dans des bouteilles teintées afin de la protéger de la lumière et de l'air (source d'oxydation) et de la conserver dans un endroit frais.

En raison de sa forte teneur en acides gras polyinsaturés, l'huile de lin ne doit pas être chauffée. On peut l'utiliser pour des assaisonnements, sur du fromage (feta, fromage blanc en faisselle…), ou pour relever le goût de légumes cuits.

La vente d'huile de lin est théoriquement interdite en France. En effet, elle est rapidement sujette à l'oxydation ; au bout d'un mois environ, une enzyme susceptible de provoquer, entre autres, des allergies se forme dans l'huile. C'est pourquoi il est indiqué de la conserver au frais et de la consommer rapidement. Les fabricants sérieux fabriquent leur huile de lin uniquement sur commande et livrent leurs clients dès que les graines ont été pressées. Toutefois, certains magasins spécialisés en diététique parviennent à se procurer de l'huile de lin. On peut également acheter des graines de lin (dont la vente n'est pas interdite), et les presser soi-même au dernier moment. De nombreux consommateurs passent également par le filon Internet pour commander de l'huile de lin à l'étranger.

Valeur nutritionnelle

100 g d'huile de lin pressée à froid contiennent 13,4 mg de vitamine E.

- 11,0 % d'acides gras saturés,
- 17,0 % d'acides gras monoinsaturés,
- 71,0 % d'acides gras polyinsaturés, 55 % d'acides gras alpha-linoléniques oméga-3 et 16 % d'acides gras linoléiques oméga-6.

L'huile de colza

Au XVIIe siècle, on utilisait le colza pour alimenter les lampes à huile ; il était également utilisé pour fabriquer des savons et des lubrifiants. Il était alors cultivé dans la majeure partie de l'Europe. De nos jours, on utilise l'une des catégories de colza, le colza industrialisé, pour élaborer des carburants. La famille noble du colza, le colza primor, est cultivé pour élaborer des huiles alimentaires d'excellente qualité. Sa faible teneur en acide érucique et sa richesse en acides gras monoinsaturés et polyinsaturés le rendent très digeste et excellent pour la santé.

Nous vous conseillons fortement de consommer uniquement de l'huile de colza biologique de première pression à froid, beaucoup plus rare que l'huile de colza ordinaire, mais ô combien meilleure, tant du point de vue gustatif que du point de vue nutritif. Il faut dire que la culture du colza, pour concorder avec les réglementations de l'agriculture biologique, demande beaucoup d'engagement et un savoir-faire technique sophistiqué, notamment en ce qui concerne l'utilisation d'azote dans sa culture. Les graines de colza doivent être séchées aussitôt après leur récolte, puis donner lieu à plusieurs contrôles qualitatifs durant la période de stockage. Une silique (sorte de gousse) de colza donne environ vingt graines qui sont ensuite pressées à froid pour donner une huile raffinée d'un beau jaune sombre.

L'huile de colza est considérée par les spécialistes comme une huile excellente sur le plan nutritionnel : elle stimule le métabolisme, aide à l'élimination des graisses saturées, améliore l'absorption d'oxygène par l'organisme, facilite la formation des membranes cellulaires et normalise le taux de cholestérol sanguin.

Valeur nutritionnelle

100 g d'huile de colza contiennent 28,4 mg de vitamine E.

- 7,0 % d'acides gras saturés,
- 61,0 % d'acides gras monoinsaturés (acide gras oléique),
- 31,5 % d'acides gras polyinsaturés dont 22,9 % d'acide gras linoléique oméga-6 et 8,6 % d'acide gras alphalinolénique oméga-3.

Comme l'huile de lin, l'huile de colza ne peut être chauffée ; vous l'utiliserez comme assaisonnement ou pour développer l'arôme des légumes cuits à la vapeur, toujours un peu fade.

L'huile d'olive

L'olivier est un arbre majestueux présent sur terre depuis au moins 35 000 ans, et pouvant vivre jusqu'à deux mille ans. Le fruit de l'olivier est récolté durant une période courant de décembre à mars. « Star » du bassin méditerranéen, l'olive est consommée pour sa saveur irremplaçable. L'huile que l'on en extrait, gorgée de soleil, est utilisée pour ses vertus diététiques autant que pour son arôme particulier.

L'huile d'olive renferme une grande quantité d'acides gras monoinsaturés, qui ont la vertu de normaliser le taux de cholestérol sanguin, de prévenir les maladies cardio-vasculaires et d'améliorer les performances de la glande thyroïde. On l'utilise également comme huile de massage, de beauté ou comme médicament d'appoint, car elle possède des propriétés désinfectantes et anti-inflammatoires.

Même si l'on ne trouve pas trace de l'utilisation d'huile d'olive par les populations japonaises, on peut tout à fait cuisiner « zen » en faisant cuire ses aliments à l'huile d'olive, afin de potentialiser les avantages de l'alimentation nippone en les couplant avec les bienfaits du régime méditerranéen.

Valeur nutritionnelle

100 g d'huile d'olive extra vierge contiennent 10,5 mg de vitamine E.

- 15,5 % d'acides gras saturés,
- 77,0 % d'acides gras monoinsaturés (acide gras oléique),
- 7,1 % d'acides gras polyinsaturés (acide gras linoléique oméga-6 et acide gras alpha-linolénique oméga-3).

Vous utiliserez l'huile d'olive pour assaisonner vos salades et crudités et pour faire cuire vos aliments (poissons, viandes, légumes…), en veillant toutefois à ce que l'huile ne fume pas, afin de ne pas dénaturer ses qualités nutritionnelles. L'huile d'olive peut être portée à une température de 210 °C sans voir ses propriétés s'altérer.

L'huile de soja

Le soja détient, nous l'avons vu, de nombreuses vertus. Consommé en Chine et au Japon depuis des millénaires, il étonne et réjouit par son arôme particulier. Son huile n'échappe pas à cette règle ; il faut toutefois qu'elle soit obtenue à partir de soja issu de l'agriculture biologique.

Pour obtenir un litre d'huile de soja, il faut presser environ dix kilogrammes de soja selon des méthodes ancestrales particulièrement méticuleuses. L'huile de soja présente le taux de lécithine le plus élevé parmi toutes les variétés d'huiles. Pour cette raison, on a coutume de la considérer comme la nourriture idéale du cerveau et du système nerveux.

Valeur nutritionnelle

100 g d'huile de soja pressée à froid contiennent 31,7 mg de vitamine E.

- 13,7 % d'acides gras saturés,
- 25,3 % d'acides gras monoinsaturés,
- 60,8 % d'acides gras polyinsaturés dont 6,5 % d'acide alpha-linolénique oméga-3 et 54,3 % d'acide linoléique oméga-6.

Comme l'huile de colza, l'huile de soja couvre tous les besoins en acides gras polyinsaturés. L'huile de soja résiste à une température de 150 °C.

ADOPTEZ UNE ALIMENTATION PAUVRE EN VIANDE

Si les Japonais développent moins de maladies cardiovasculaires et de cancers, c'est parce que leur alimentation est pauvre en graisses saturées et riche en acides gras monoinsaturés et polyinsaturés oméga-3. Il faut savoir que chaque Français consomme chaque année 18,1 kg d'huiles et de graisses animales, alors que les Japonais n'en consomment pas plus de 2 kg ! Autre différence dans nos habitudes alimentaires : en France, on consomme chaque année 98,8 kg de viande par habitant, contre 43 kg au Japon. Soit plus du double...

Une étude menée dans sept pays sur 12 000 hommes

âgés de 40 à 49 ans a mis en évidence le rapport existant entre l'alimentation et l'apparition de maladies cardio-vasculaires. Il a été démontré, par exemple, que le taux de cholestérol des Finnois (dont 20 % de l'apport calorique quotidien provient des graisses saturées) était nettement plus élevé que celui des Japonais (5 % de l'apport calorique quotidien provenant des graisses saturées). On comprend aisément pourquoi les Finnois sont six fois plus sujets aux crises cardiaques que les Japonais !

Toutefois, les pouvoirs publics tiennent à mettre en garde les populations japonaises qui, occidentalisation oblige, consomment de plus en plus de « junk food » et de graisses saturées. En effet, on a pu observer une augmentation de l'ordre de 800 % de la consommation de ces mauvaises graisses. Résultat : l'hypercholestérolémie générée par les comportements alimentaires devient de plus en plus fréquente, tandis que les maladies coronariennes ne sont plus une exception au Japon.

Le cholestérol : ami ou ennemi ?

Contrairement aux idées reçues, le cholestérol n'est pas un fléau à éradiquer, mais une substance indispensable à l'organisme, car elle intervient dans des métabolismes fondamentaux et dans la constitution des membranes cellulaires. Il s'agit d'une substance blanchâtre naturellement synthétisée par le foie. Le cholestérol est également apporté par l'alimentation en plus ou moins grandes quantités. Les viandes, le jaune d'œuf et la charcuterie sont riches en cholestérol et en graisses saturées. Une consommation excessive de ce type d'aliment peut mener à une hypercholestérolémie (excès de cholestérol dans l'organisme), elle-même capable de favoriser l'apparition de maladies cardio-vasculaires.

Le cholestérol est un lipide synthétisé, c'est-à-dire fabriqué par le foie. Il est présent dans tout l'organisme (tissus, sécrétions...) et entre dans la composition des lipoprotéines (combinaison d'un lipide et d'une protéine) du sang. Le cholestérol fabriqué par le corps est appelé cholestérol endogène ; celui apporté par l'alimentation est dit exogène. Le cholestérol est transporté par le sang aux cellules grâce à ces molécules spécifiques : les lipoprotéines, composées de cholestérol, de graisses et de protéines.

Deux types de lipoprotéines transportent le cholestérol sanguin : les lipoprotéines de basse densité (LDL pour low-density lipoproteins) et les lipoprotéines de haute densité (HDL pour high-density lipoproteins).

Les LDL, riches en cholestérol, pénètrent dans les cellules par des récepteurs spécifiques situés sur la membrane cellulaire avant d'être décomposées pour les besoins de la cellule. Les HDL ont la particularité d'emprisonner le cholestérol en excès dans l'organisme et de le ramener vers le foie, où il est rapidement dégradé. Il agit en fait comme un véritable éboueur du cholestérol en excès. D'où son surnom de « bon cholestérol ».

Le fait de consommer trop d'aliments riches en cholestérol peut provoquer un excès de cholestérol HDL dans le sang. Le cholestérol en excès se dépose dans la paroi interne de l'artère : c'est l'athérosclérose ; la lumière de l'artère diminue, et le sang circule plus difficilement. Le problème avec cette maladie est qu'elle évolue lentement, à bas-bruit. Quand des symptômes tels que l'angine de poitrine, provoquant des douleurs thoraciques, apparaissent, il est souvent trop tard.

C'est pourquoi il faut veiller à limiter ses apports en cholestérol alimentaire et à faire surveiller régulièrement son taux de cholestérol sanguin.

Cholestérol, graisses saturées et alimentation

Le cholestérol apporté par l'alimentation est, nous l'avons vu, rapidement dégradé par le foie. Oui, mais à condition que cette quantité de cholestérol exogène reste raisonnable. Dans le cas contraire, le foie ne pourra plus mener à bien correctement sa fonction d'éboueur. Résultat : le cholestérol en excès dans l'organisme se déposera dans la paroi des artères, provoquant une athérosclérose.

Les graisses saturées et le cholestérol font bon ménage : une consommation excessive de graisses saturées favorise la synthèse du cholestérol par le foie et ralentit l'élimination du cholestérol par cet organe.

Rappelons que la consommation de matières grasses polyinsaturées, présentes dans les poissons gras, l'huile de soja ou de lin, fait baisser le taux de cholestérol global, tandis que les matières grasses monoinsaturées, que l'on trouve dans l'huile d'olive et de colza, font baisser le taux de mauvais cholestérol sans modifier le bon.

Même si les lipides sont indispensables à l'organisme, ils doivent être apportés en petites quantités ; vous veillerez donc à choisir les « bonnes graisses » et à limiter les « mauvaises », en remplaçant vos aliments carnés par des poissons gras et du soja, et en privilégiant les bonnes huiles végétales.

De récentes études ont prouvé que les sujets présentant un taux de cholestérol sanguin normal pouvaient malgré tout développer une maladie coronarienne ; en effet, le cholestérol apporté par l'alimentation peut prédisposer aux maladies cardio-vasculaires.

Graisses saturées et cancer

De nombreuses études ont démontré que la consommation excessive de graisses saturées et de cholestérol, ainsi qu'une alimentation trop calorique, favorisaient l'apparition de cancers. Dans les pays en voie de développement, où l'on consomme peu de viande et donc de cholestérol et de graisses saturées, on meurt peu du cancer. Selon les recommandations américaines de 1995 en matière de diététique, la consommation totale de lipides ne devrait pas constituer plus de 30 %

des calories absorbées par jour ; celle de graisses saturées devrait être inférieure à 10 %. Le fait de diminuer de 1 % seulement les calories apportées par les graisses saturées entraîne en général une baisse de 0,03 gramme de la cholestérolémie.

Le soja et ses dérivés

Le soja, plante originaire d'Asie, cultivé en Chine depuis plusieurs millénaires, est exploité depuis peu en Amérique (les Etats-Unis, l'Argentine et le Brésil assurent, à eux trois, 80 % de la production mondiale), en Europe et en France, principalement dans le Sud-Ouest (Haute-Garonne, Tarn, Gers).

Il s'agit d'une plante oléagineuse grimpante, de la famille des légumineuses, cultivée pour ses graines de couleur jaune pâle. Mais attention ! Le soja qui nous intéresse n'a rien à voir avec le haricot mungo, graine de couleur verte que l'on fait germer afin d'obtenir le fameux « germe de soja » savoureux dans les plats exotiques ou en salade.

Le soja est, depuis des millénaires, consommé sous diverses formes par les populations japonaises pour ses nombreuses propriétés nutritives, préventives et curatives.

Il faut savoir que le soja est la plante la plus cultivée au monde. Et c'est tant mieux ! Sa richesse en protéines végétales d'excellente qualité en fait un aliment exceptionnellement intéressant pour les populations des pays pauvres. En effet, pour produire un kilogramme de cette précieuse légumineuse, le paysan a besoin de six fois moins de terre que pour produire un kilogramme de protéines animales.

Grâce à des propriétés qui lui sont propres, le soja n'a pas besoin de recevoir d'engrais azotés ; il est très résistant aux maladies et aux parasites, ce qui permet de le cultiver sans l'inonder de pesticides ou d'insecticides.

Le soja peut être transformé pour être consommé sous différentes formes.

Le tofu

Le tofu, encore appelé « fromage de soja », est obtenu à partir du caillage puis du pressage du « lait » de soja. Il aurait été créé par Liu-An, philosophe et savant chinois, voilà plus de deux millénaires. Les prêtres et les nobles, durant leurs déplacements en Chine et au Japon, répandirent la consommation de tofu parmi le peuple, tandis que dans les temples bouddhistes, les prêtres enseignaient l'art de l'élaboration et de la dégustation du tofu. Quant aux samouraïs, ils inventèrent un procédé de dessiccation du tofu, afin de pouvoir l'emporter partout avec eux.

Depuis le XIIe siècle, le tofu est largement consommé au Japon. Très riche en protéines végétales naturelles d'excellente qualité, il constitue, avec le lait de soja (tonyu), l'un des aliments de base de la population : son goût neutre et son excellente digestibilité, couplés à ses vertus préventives et curatives, lui permettent d'être très apprécié de tous.

Composition du tofu (sur extrait sec) :
Protéines : 14 %
Glucides : 2,8 %
Lipides : 8,7 %
Sels minéraux : 0,38 %
Fibres alimentaires : 1,3 %

Le tonyu

Le tonyu, ou « lait de soja », est une boisson obtenue à partir de graines de soja. Sa qualité est liée à celle des ingrédients utilisés pour sa fabrication. Pour qu'un lait de soja soit de bonne qualité, il doit être élaboré à partir de graines de soja entières, issues de l'agriculture biologique. En France, le soja biologique est essentiellement cultivé dans le Sud-Ouest de la France (Haute-Garonne, Tarn, Gers). L'utilisation d'une eau de source, d'une grande pureté, est également préconisée.

Le tonyu est certifié par une norme française (norme NF), garantissant une fabrication à partir de graines de soja entières issues de l'agriculture biologique. Sa teneur minimale en protéines doit être de 3,6 g/100 g au minimum.

Le lait de soja est utilisé dans de nombreuses préparations culinaires. Il remplace parfaitement le lait de vache, riche en lipides saturés, et lourd à digérer. Il faut savoir que sa teneur en calcium n'est pas négligeable: 140 mg/100 ml, soit 17,5 % des apports journaliers recommandés. C'est pourquoi sa consommation est tout particulièrement recommandée aux enfants, adolescents, femmes enceintes, femmes ménopausées (et tout au long de la vie pour prévenir l'ostéoporose). Vous apprendrez rapidement à utiliser le lait de soja dans vos préparations culinaires : potages, tartes et tourtes aux légumes, desserts... Associé à des ferments, il entre également dans la composition de desserts que vous pourrez trouver tout préparés en grande surface ou dans les magasins spécialisés en diététique.

Pour élaborer le tonyu, on utilise le même procédé depuis plusieurs millénaires : les haricots de soja sont dépelliculés par un procédé mécanique naturel, broyés et cuits en tenant compte de critères rigoureux, dans le but de rendre le produit final parfaitement digeste en conservant les propriétés bénéfiques du soja. Le lait de soja obtenu est ensuite filtré et cuit de nouveau, puis chauffé un court moment à très haute température, afin de conserver les vertus de ses nutriments et micronutriments. On procède alors au refroidissement du liquide obtenu, avant son conditionnement en pack stérile.

Les progrès en matière d'alimentation diététique ont fait en sorte qu'aujourd'hui, on peut consommer du tonyu enrichi en calcium ou naturellement aromatisé.

Analyse moyenne pour 100 grammes de tonyu :

Catégorie de tonyu	Nature	Calcium	Vanille
Composition	Tonyu (eau, soja)	Tonyu, sirop de blé	Tonyu, arôme naturel de vanille, sirop de blé
Valeur énergétique	40kcal/168 kJ	57 kcal/241 kJ	59 Kcal/250 kJ
Protéines	3,7 g	3,6 g	3,7 g
Glucides	1,4 g	5,1 g	6,2 g
Dont glucides rapides	0,71 g	4,7 g	4,9 g
Lipides	2,2 g	2 g	2,2 g
Dont saturés	0,38 g	0,3 g	0,29 g
Dont insaturés	1,79 g	1,7 g	1,78 g
Cholestérol	< 1 mg	< 1 mg	< 1 mg
Fibres alimentaires	0,51 g	0,8	0,50 g
Sodium	0,02 g	0,07	0,02 g
Calcium	140 mg	190 mg	140 mg

Le miso

Le miso est une pâte fermentée obtenue à partir de haricots de soja. Il occupe une large place au sein de l'alimentation traditionnelle d'Extrême-Orient. On le consomme notamment sous forme de soupes, dans lesquelles ses saveurs subtiles prennent toute leur valeur, mais aussi pour préparer des marinades, des sauces, et pour badigeonner des viandes grillées.

Le miso se conserve un an dans un récipient hermétique rangé au réfrigérateur. On peut se le procurer dans les magasins spécialisés en cuisine asiatique.

Des chercheurs japonais de l'université d'Okayoma, spécialisés dans la lutte contre le cancer de l'estomac, ont mené plusieurs études sur le rapport entre la consommation de miso et l'apparition de ce type de cancer. Ils ont découvert que l'absorption quotidienne d'une soupe de miso réduisait considérablement le risque de développer un cancer de l'estomac. La consommation occasionnelle de miso est moins efficace pour prévenir la maladie, mais encore bien réelle. Le miso renferme de nombreuses substances antioxydantes, dont l'effet serait encore potentialisé par la fermentation de cette pâte.

La lécithine de soja

Il s'agit d'un complément alimentaire précieux, fabriqué à partir de la fève de soja qui, à l'état brut, contient de 0,5 à 1 % de lécithine. Elle apporte à l'organisme les acides gras dont il a besoin. Riche en phospholipides, elle joue un rôle important au niveau du métabolisme et de la dissolution des graisses. Elle facilite ainsi la digestion, mais empêche surtout les « mauvaises graisses » et les substances toxiques de se déposer dans la paroi des artères: consommer de la lécithine est ainsi un moyen simple mais efficace de prévenir l'athérosclérose.

La lécithine a également la faculté de favoriser le transport des lipides dans le sang, et de faciliter la dégradation du cholestérol.

La lécithine contient aussi de la choline, substance indispensable à la synthèse de l'acétylcholine, un matériau qui permet la bonne transmission des informations entre les cellules nerveuses. Elle aide à la construction des cellules du corps, notamment celles du cerveau et du système nerveux.

Elle a également la propriété d'augmenter la prise d'oxygène par pulsation cardiaque, et d'accroître l'endurance lors d'un effort physique. C'est pourquoi elle est tout particulièrement recommandée aux sportifs.

N'oublions pas qu'elle stimule la synthèse des acides biliaires, fabriqués à partir du cholestérol, abaissant par conséquent le taux de cholestérol sanguin.

L'huile de soja

L'huile de soja, d'un jaune plus ou moins foncé selon les espèces de fèves de soja utilisées pour sa fabrication, a un goût agréable de haricot. Très digeste, on la consomme comme huile de table.

L'huile de soja est riche en coenzyme Q-10 (ou ubiquinone-10). Cette substance, fabriquée naturellement par le corps humain, est également présente dans les poissons gras (sardines, thon, saumon...), les abats, la viande de bœuf et les cacahuètes. Elle aurait la faculté d'aider à lutter contre le vieillissement; il s'agit d'un antioxydant puissant, au même titre que la vitamine E (dont l'huile de soja abonde également!). Elle permet à l'organisme de se défendre contre les radicaux libres et de conserver la stabilité et la fluidité des membranes cellulaires. Comme le poisson, elle contient également des acides gras polyinsaturés oméga-3 (6,8 g/100 g), substance permettant de lutter contre des phénomènes tels que le vieillissement, l'apparition de cancers, l'obstruction des artères, l'engourdissement des muscles...

Les plats cuisinés à base de soja

On trouve aujourd'hui dans la plupart des grandes surfaces, et toujours dans les magasins de diététique, une multitude de produits fabriqués à base de soja: tofu fumé, aux herbes, « steaks », « saucisses », pâté végétal, quenelles... Vous pouvez les consommer sans crainte si leurs composants sont issus de l'agriculture biologique et qu'ils sont pauvres en graisses saturées et hydrogénées. Leur diversité permet de varier les menus et de satisfaire petits et grands.

Les vertus du soja

Le fait de consommer du soja permet de lutter contre l'apparition de certaines maladies bénignes ou plus sérieuses. Cette légumineuse très nutritive contient en effet de nombreuses substances capables de lutter contre le cancer et le vieillissement : génistéine, daidzéine, phytostérols, saponines, lécithine, acides phénoliques, phytates…

Manger du soja permet de faire baisser le taux de cholestérol sanguin

Le soja est une légumineuse contenant très peu de cholestérol. En consommer permet même d'abaisser le taux de cholestérol sanguin. Il est donc à recommander à tous, notamment à ceux qui présentent une hypercholestérolémie essentielle ou secondaire. Sa richesse en acides gras insaturés, et notamment en oméga-3, tout comme les poissons gras, provoque une baisse du taux de cholestérol total et du taux de mauvais cholestérol (LDL), sans modifier le taux de bon cholestérol (HDL), protecteur du cœur et des artères.

Manger du soja permet de prévenir l'apparition de maladies cardio-vasculaires

L'hypercholestérolémie, qu'elle soit génétique ou due à une alimentation trop riche en cholestérol, est un facteur d'apparition de maladies cardio-vasculaires. La consommation de soja et de ses dérivés est particulièrement intéressante pour prévenir l'apparition de ce type de maladies ; en effet, les phytostérols et les fibres alimentaires, présents dans le soja, empêchent en partie l'absorption du cholestérol alimentaire, partiellement évacué dans les selles avant d'être assimilé par l'organisme. D'autre part le soja, nous l'avons vu, contient des acides gras oméga-3, permettant d'améliorer le rapport HDL/LDL.

Des études récentes ont souligné le fait que les protéines de soja font baisser le taux de mauvais cholestérol de 13 % et celui de triglycérides de 10,5 %. Plus l'hypercholestérolémie est sévère, plus le résultat est intéressant. Ainsi, une personne atteinte d'une hypercholestérolémie essentielle sévère (plus de 3,5 g de cholestérol par litre de sang), peut voir son taux de cholestérol baisser de 25 % en consommant 25 g de protéines de soja par jour, soit l'équivalent de trois petits verres de lait de soja, ou 200 g de tofu. D'autre part, les acides gras contenus dans le soja exercent une action bénéfique sur l'agrégation plaquettaire, faisant ainsi baisser le risque de thrombogenèse. C'est pourquoi vous veillerez, à l'instar des Japonais, à consommer des aliments à base de soja plutôt que de vous abîmer la santé en mangeant trop de viandes grasses et de charcuterie.

Manger du soja permet de lutter contre l'apparition et le développement de certains cancers

Appartenant au groupe des isoflavonoïdes, la génistéine permettrait de lutter contre l'apparition et le développement de nombreuses catégories de cancers, en inhibant l'action d'une substance stimulant l'évolution des cancers d'une part, et en empêchant la formation de vaisseaux sanguins nécessaires au développement de la tumeur cancéreuse d'autre part.

Cette substance a également la propriété de freiner le développement des cancers d'origine hormonale (sein, prostate…), en exerçant une influence spécifique sur certaines hormones.

Mais certains scientifiques de l'Université de l'Alabama (Etats-Unis) ont poussé plus loin leurs investigations en effectuant des expériences sur certains animaux : ceux qui avaient absorbé, depuis leur prime jeunesse, à la fois de la génistéine et des substances susceptibles de favoriser l'apparition de certains cancers, développaient moins de tumeurs malignes à l'âge adulte (60 % des sujets) que les animaux ayant absorbé uniquement la substance cancérigène (100 % des sujets).

On peut donc constater que les nombreuses recherches menées sur le soja tendent à mettre en évidence le fait que consommer du soja permet de lutter contre l'apparition et le développement de tumeurs malignes. Des études scientifiques rigoureuses sont actuellement en cours afin d'analyser et de comprendre de manière précise les raisons de ce phénomène.

Vous comprenez certainement maintenant pourquoi le soja, aliment consommé depuis des millénaires par les populations japonaises (présentant le taux de longévité le plus élevé de la planète) figure en bonne place dans notre régime zen…

Soja et cancer du sein

Il est désormais établi que la consommation de soja et de ses dérivés permet de lutter contre de nombreux cancers, notamment le cancer du sein.

On sait en effet que le soja contient des substances spécifiques, appelées isoflavonoïdes, constituant des phyto-œstrogènes (littéralement « œstrogènes végétaux »), exerçant une action anti-estrogénique naturelle. Deux de ces substances ont récemment parlé d'elles : il s'agit de la génistéine et de la daidzéine.

Ces deux flavonoïdes constituent des phyto-œstrogènes antagonistes des œstrogènes fabriqués par l'organisme féminin. Peut-être savez-vous que le cancer du sein est un cancer hormono-dépendant aux œstrogènes, c'est-à-dire que son développement peut être influencé par un excès d'œstrogènes sécrété par la femme. Or, les phyto-œstrogènes ont un effet similaire à l'effet des œstrogènes synthétisés par l'organisme de la femme, hormis leur action cancérigène. En se substituant aux œstrogènes du corps, les phyto-œstrogènes permettraient donc de lutter contre l'apparition de cancers du sein.

La génistéine et la daidzéine demeurant dans le sang pendant vingt-quatre à trente-six heures après assimilation, on préconise une consommation quotidienne de soja afin de garder en proportion intéressante ces principes actifs au sein de l'organisme.

Selon certaines études réalisées sur des animaux, la consommation de soja exercerait une action protectrice vis-à-vis de certains cancers. D'autres études, menées cette fois sur l'homme, ont mis en évidence le fait que la consommation de soja exercerait une action inhibitrice sur l'apparition de cellules cancéreuses. Quand on sait que les Japonaises sont de grandes consommatrices de soja, on n'est pas surpris d'apprendre que peu d'entre elles sont victimes du cancer du sein! Une étude faite à Singapour, sur un groupe de femmes, a prouvé que celles qui consomment régulièrement du soja seraient deux fois moins exposées au risque de développer la maladie que celles qui en consomment de manière occasionnelle. On a également remarqué que les cancers apparus chez les femmes ménopausées se développent moins rapidement chez les Japonaises que chez les Occidentales.

Les substances anticancer contenues dans le soja sont susceptibles d'agir directement sur les cellules; parallèlement, les flavonoïdes du soja empêchent les œstrogènes naturels de l'organisme de la femme d'activer le développement des cellules cancéreuses. Prenons l'exemple de la génistéine: cet isoflavonoïde aurait la faculté de ralentir la division des cellules des tissus mammaires. Ainsi, les enzymes réparatrices des tissus lésés ont davantage de temps pour réparer l'ADN des cellules endommagées, et donc pour prévenir les mutations génétiques souvent responsables de générer des anomalies risquant d'être propagées aux autres cellules et, à la longue, de provoquer le développement de tumeurs cancéreuses.

Soja et cancer de la prostate

Selon différentes études menées en Finlande et aux Etats-Unis, les tumeurs cancéreuses de la prostate ne sont jamais mortelles chez les Japonais. Ce phénomène serait dû à la forte concentration sanguine de substances anti-hormonales apportées par la consommation de soja. Ces substances exerceraient une action bloquante sur le développement des cellules cancéreuses.

D'autres études récentes ont souligné le fait qu'une alimentation riche en produits laitiers gras était susceptible de favoriser l'apparition de cancers de la prostate. Alors… Pourquoi ne pas calquer ses menus sur ceux des Japonais, et remplacer dès maintenant les produits laitiers gras par du tonyu et des desserts à base de lait de soja ?

Soja et cancer du poumon

Des chercheurs de l'université de l'Alabama ont découvert que la consommation de vitamine B9 (acide folique) jouerait un rôle dans la prévention du cancer du poumon. En effet, les tissus des poumons des personnes atteintes présentent en général par endroits une carence en vitamine B9. Or, le soja est très riche en vitamine B9… Tous les légumes vert sombre, le navet, le brocoli… sont également très riches en vitamine B9.

Pour prévenir ce genre de cancer, privilégiez également la consommation d'aliments riches en bêta-carotène (carottes, tomates, oranges, épinards, brocolis, choux, chou-fleur, choux de Bruxelles…).

N'oubliez pas de boire du thé vert : il est en effet très riche en substances qui s'avéreraient efficaces pour lutter contre l'apparition du cancer du poumon.

Soja et cancer de l'estomac

Des chercheurs japonais ont mené différentes études sur le rapport existant entre la consommation de miso (soupe à base de pâte de soja fermentée) et la protection contre l'apparition de tumeurs cancéreuses. Ils en ont déduit que le fait de consommer régulièrement du miso réduisait d'un tiers le risque de développer ce type de cancer, par rapport aux individus n'en consommant pas. Le fait de consommer occasionnellement du miso détient un rôle protecteur (réduction du risque : 18 %).

Manger du soja permet de lutter contre le vieillissement prématuré

Depuis longtemps, le soja est réputé pour lutter contre les effets du vieillissement et de l'oxydation des cellules. Une étude menée par le Docteur Harman, de l'Université du Nebraska, visait à comparer sur deux groupes d'animaux de laboratoire les effets d'une alimentation à base de caséine de lait (administrée au groupe 1) à ceux d'une alimentation riche en protéines de soja (administrée au groupe 2). L'espérance de vie des animaux du groupe 2 était supérieure (jusqu'à 13 %) à celle des animaux du groupe 1. Il faut savoir également que les acides aminés contenus dans le soja sont bien moins sujets à l'oxydation que les acides aminés issus des aliments d'origine animale. Et on sait que les substances oxydées sont génératrices de radicaux libres, ces éléments qui nous font vieillir prématurément...

Manger du soja permet de régulariser le transit intestinal

Vous savez sans doute que le fait de consommer des fibres alimentaires permet de régulariser le transit intestinal. Or, le soja, comme toutes les légumineuses, est très riche en fibres alimentaires d'excellente qualité (25 g de fibres/100 g d'aliment). Ainsi, le simple fait de consommer régulièrement du soja permet de rétablir le bon fonctionnement du transit intestinal, de combattre la constipation, de prévenir l'apparition d'hémorroïdes, de lutter contre le surpoids, de faire baisser le taux de cholestérol sanguin, de stabiliser le taux de diabète sanguin, de prévenir l'apparition de calculs biliaires et même de prévenir l'apparition de cancers du côlon. Par modification de la flore bactérienne du côlon, de la dilution des sels biliaires et par accélération du temps de transit intestinal, les fibres préviennent les maladies du côlon. En effet, les substances dangereuses car cancérigènes se trouvent moins longtemps en contact avec les parois du côlon. Il a été remarqué que la fréquence des cancers du côlon était moins importante chez les grands consommateurs de fibres alimentaires que chez les autres sujets. Des études sont aujourd'hui en cours pour déterminer la cause précise de ce phénomène.

Manger du soja permet de stabiliser le taux de diabète sanguin

Le soja contient certains acides aminés intéressants pour les personnes ayant tendance à avoir un taux de diabète (sucre) sanguin trop important. Nous pensons notamment à la glycine, dont la particularité est de limiter les pics d'insuline. En raison de sa richesse en fibres alimentaires, le soja est également préconisé pour lutter contre le diabète, en modifiant le pic postprandial et en retardant ainsi l'absorption des glucides. De même, les fibres jouent un rôle dans la prévention de l'obésité, souvent couplée à un taux de diabète trop important.

Manger du soja permet de prévenir l'apparition de calculs biliaires

Une expérience a été menée sur deux groupes d'animaux de laboratoire: le premier a été nourri avec des protéines de soja, le second avec de la caséine. Dans le premier groupe, 14 % des animaux avaient développé des calculs biliaires, contre 58 % dans le second groupe. La consommation de protéines de soja empêcherait donc la formation de calculs biliaires. Dans certains cas, elle entraînerait même leur dissolution.

Manger du soja permettrait de prévenir les affections rénales

Selon différentes études, la formation de calculs rénaux serait la conséquence d'une alimentation trop riche en produits d'origine animale. Cette abondance générerait un déséquilibre : l'élimination du calcium et de l'acide urique augmente, tandis que l'excrétion de citrate diminue. Résultat : des calculs rénaux risquent de se former.

En consommant des protéines de soja plutôt que des protéines d'origine animale, on constate une baisse de l'élimination du calcium et de l'acide urique, tandis que l'excrétion du citrate augmente. Le risque de voir apparaître des calculs rénaux diminue alors.

Manger du soja permet de faire l'impasse sur la viande

L'Organisation Mondiale de la Santé (OMS) emploie depuis 1989 un système de mesure permettant d'estimer la qualité des protéines de l'alimentation. Il s'agit du score chimique corrigé de la digestibilité, appelé PCAAS (pour Protein Corrected AminoAcid Score).

Le PCAAS considère la teneur de l'aliment en acides aminés, ainsi que la digestibilité des protéines. Ainsi, il exprime de manière plus précise la qualité des protéines d'un aliment. Le PCAAS est donné en pourcentage ; ce pourcentage désigne la quantité de protéines que l'organisme humain peut exploiter.

La consommation de soja permet de couvrir largement nos besoins en acides aminés essentiels, constituants des protéines : sur les vingt acides aminés présents dans l'alimentation, huit sont dits « essentiels », car le corps ne peut les fabriquer ; ils doivent être obligatoirement apportés par l'alimentation. Ces huit acides aminés portent les doux noms d'isoleucine, leucine, lysine, méthionine, phénylalanine, thréonine, triptophane et valine. Contrairement aux céréales, qui ne peuvent donc pas être consommées sans viande, poisson ni légumineuses sous peine de carences, le soja est riche en lysine. Et comme la lysine permet de contrecarrer les effets néfastes de l'arginine, un autre acide aminé responsable de provoquer, quand il est consommé en excès, des poussées d'herpès..., mieux vaut ne pas s'en priver...

La haute digestibilité des protéines de soja, couplée à leur richesse en acides aminés essentiels, fait en sorte que leur PCAAS atteint couramment 100 %.

Le soja constitue donc une importante source de protéines d'excellente qualité, très digestes et facilement assimilables. Un bémol toutefois : si le soja contient de la méthionine, c'est en petites quantités. C'est pourquoi il est conseillé de consommer, parallèlement au soja (et ceci est également valable pour toutes les légumineuses), une céréale complète : riz, millet, sarrasin, sésame, orge, blé... naturellement riches en méthionine. Cette habile combinaison vous permettra de consommer des protéines végétales d'une valeur biologique équivalente à celle de la viande.

Voilà pourquoi le soja a été surnommé « viande végétale ». Contrairement à la viande, il contient très peu de graisses saturées (celles qui ont la fâcheuse manie de se déposer dans la paroi des artères) ; on peut donc le consommer sans risquer de manquer de l'un de ces huit acides aminés essentiels et sans voir ses artères s'endommager.

Acides aminés essentiels présents dans le soja	**Quantité exprimée en mg par g de protéine**
Isoleucine	50
Leucine	85
Lysine	70
Méthionine	28
Phénylalanine	88
Thréonine	42
Tryptophane	14
Valine	53

Manger du soja permet de lutter contre les désagréments de la périménopause et de la ménopause

En période de périménopause puis de ménopause, nombreuses sont les femmes qui sont sujettes à des troubles désagréables : bouffées de chaleur, suées nocturnes, irritabilité, déprime, fatigue, migraines…

Or, le soja contient des hormones végétales naturelles, appelées phyto-œstrogènes. De récentes études ont mis en évidence le fait que la consommation de soja permet de diminuer les symptômes gênants inhérents à cette période déjà difficile. Ces substances auraient également la faculté d'amoindrir les désagréments qui apparaissent avant les règles (symptôme prémenstruel) : gonflements, prise de poids, irritabilité…

Une étude menée en Italie en 1999 est venue étayer cette thèse : elle a été menée en double aveugle sur deux groupes de femmes ménopausées, âgées de 45 à 62 ans. Toutes souffraient de bouffées de chaleur, à raison de sept bouffées de chaleur par vingt-quatre heures, pendant les quatorze jours précédant l'étude. Le premier groupe recevait un placebo (60 g de caséine), le second 60 g de protéines de soja. Après douze semaines de traitement, les femmes du deuxième groupe signalaient une baisse de 45 % de leurs bouffées de chaleur, contre 30 % dans le groupe ayant reçu le placebo.

D'autres études ont mis en évidence le fait que 25 % des Japonaises seulement ressentent des bouffées de chaleur au moment de la ménopause, contre 85 % des Américaines du Nord. À noter et à méditer : les Japonaises, qui consomment en moyenne 200 g de phyto-œstrogènes par jour, souffrent peu d'ostéoporose ; elles développent également, nous l'avons vu, moins de cancers du sein que les Occidentales.

Le riz

Le riz est cultivé au Japon depuis plus de 2000 ans. Il est également cultivé en Asie du Sud-Est et dans d'autres régions chaudes. Depuis le XVIIIe siècle, les paysans japonais cherchent à améliorer la culture du riz et à sélectionner les espèces les plus résistantes au froid.

Le riz, au Japon, est plus qu'une nourriture; il s'agit d'une plante quasi-sacrée, car dotée de pouvoirs mystiques. Empreint d'un pouvoir spirituel, le riz permettrait, par exemple, la renaissance, et chasserait les mauvais esprits.

Pourtant, ce n'est que depuis le début du XXe siècle qu'il constitue la nourriture de base de tous les Japonais. En effet, le riz était autrefois réservé à l'élite, car il était rare et cher. Le peuple se contentait d'orge et de millet, consommant du riz uniquement lors des grandes fêtes familiales ou religieuses.

Au Japon, on consomme essentiellement deux sortes de riz:

• le Japonica à grains ronds qui devient collant lors de la cuisson. L'une des variétés les plus connues est l'Uruchimai.

• le Mochigome que l'on utilise, entre autres, pour la confection des mochis, gâteaux servis traditionnellement au jour de l'an ou offerts aux dieux pour bénéficier de leur protection. Ce riz gluant est bouilli, puis écrasé au mortier ou à l'aide d'un maillet de bois.

Le riz est l'un des amis de la minceur et de la santé: il ne contient en effet pratiquement pas de lipides (0 % dans le riz blanc, 0,5 % dans le riz complet...). Les Japonais ont coutume de consommer du riz partiellement ou totalement raffiné. Dommage, car ils contribueraient à protéger davantage leur capital santé s'ils le remplaçaient par du riz complet, riche en fibres alimentaires douées de nombreuses vertus: lutte contre l'obésité, le diabète, le cancer du côlon, prévention de l'apparition de calculs biliaires, lutte contre la constipation et contre l'apparition d'hémorroïdes... C'est pourquoi, dans le cadre de notre régime zen, nous vous conseillons de consommer du riz et des céréales complets.

Mais le riz, et notamment le riz complet, n'est pas la seule céréale à présenter tant d'avantages : une étude américaine, publiée dans le *Journal of American Medical Association*, a débouché sur un constat : augmenter la prise quotidienne de céréales non raffinées (à grains entiers) pourrait réduire le risque d'accident vasculaire cérébral (AVC) chez les femmes. Celles qui en consomment le plus diminuent de 43 % le risque d'AVC ischémique, indépendamment des facteurs de risques cardio-vasculaires identifiés. Cette étude prospective a été réalisée en 1984 sur 75 521 infirmières non diabétiques, âgées de 38 à 63 ans et qui ne présentaient pas de maladie cardio-vasculaire. Leurs habitudes alimentaires avaient été déterminées au préalable à l'aide d'un questionnaire. Selon les auteurs de cette étude, si cette consommation était amenée à 1,3 portions par jour, le risque d'AVC ischémique pourrait être diminué de 30 à 40 % dans cette population.

Composition moyenne du riz

Nutriments pour 100 g de riz	
Protéines	8 g
Glucides	77 g
Lipides	1,1 g
Principaux micronutriments	
Calcium	50 mg
Magnésium	106 mg
Phosphore	300 mg
Potassium	275 mg
Vitamine B2	0,06 mg
Vitamine B1	0,3 mg
Teneur en fibres, riz blanc	2,4 g
Teneur en fibres, riz brun	3,2 g
Kcal pour 100 g de riz cuit	95

Le riz apporte des vitamines du groupe B : B1, B2. La vitamine B1 a la propriété de faciliter le bon fonctionnement des cellules nerveuses et cardiaques, et de faciliter le métabolisme des glucides, tandis que la vitamine B2 aide au métabolisme des glucides, des lipides et des protéines et permet la maturation des vitamines B6 et B9. Il contient également du magnésium, du phosphore, du potassium, du magnésium et un peu de fer. Le riz ne contient pas autant de protéines que le soja, mais sa richesse en lysine rend sa consommation intéressante. Comme nous l'avons dit, mieux vaut consommer du riz complet issu de l'agriculture biologique. En effet, une grande partie des nutriments qui nous intéressent se trouvent dans le péricarpe du riz.

Pour mieux comprendre l'intérêt de consommer du riz complet, faisons le point sur les différentes sortes de riz.

Le riz, plante de la famille des graminées, a été exporté d'Asie vers l'Europe aux alentours des XVe et XVIe siècles. En France, il est cultivé essentiellement dans le Bassin méditerranéen et en Camargue.

Le riz blanc

Il a été totalement débarrassé de son péricarpe, ce qui lui a fait perdre un grand nombre de ses qualités nutritionnelles. Appauvri en fibres alimentaires, il contient beaucoup d'amidon et a tendance à coller. Riche en glucides, il est pratiquement dépourvu de matières grasses, ce qui est tout de même un excellent point.

Le riz brun, ou semi-complet

Il a gardé une partie de son péricarpe, ce qui le rend plus riche en fibres, vitamines, sels minéraux et oligo-éléments que le riz blanc. Sa cuisson est plus rapide que celle du riz complet. Sa consommation est conseillée aux personnes qui n'aiment pas ou digèrent mal le riz complet, mais qui sont toutefois soucieuses d'adopter une alimentation santé.

Le riz complet

On lui a ôté la plus grande partie de sa carapace

coriace, non comestible, lors de l'opération de décorticage, mais il lui reste une enveloppe dite « noble » (l'assise protéique), de couleur sombre, appelée péricarpe. Celle-ci est riche en fibres alimentaires, vitamines du groupe B et sels minéraux.

LE RIZ PADDY

A l'état brut, c'est-à-dire juste après la récolte, le grain est recouvert d'une pellicule solide et indigeste. Le riz paddy doit subir des transformations pour devenir comestible.

LE RIZ POLI OU GLACÉ AU TALC

Lors du raffinage, ce riz a été rendu totalement lisse, puis enrobé de glucose et de talc de la même famille que l'amiante, afin de lui permettre de conserver toute sa saveur. Hélas, certaines de ces substances sont cancérigènes, ce qui expliquerait pourquoi l'on rencontre, chez les populations japonaises, un grand nombre de cancers de l'estomac.

A fuir donc !

LE RIZ PRÉCUIT

Il a été, comme son nom l'indique, tout d'abord cuit, puis déshydraté. Ce procédé s'applique aussi bien pour le riz blanc que pour le riz complet (à préférer toutefois). Son temps de cuisson relativement court (de cinq à quinze minutes selon la marque et le degré de précuisson), en fait un aliment pratique et rapide à préparer. Il a conservé une grande partie de ses fibres alimentaires, de ses vitamines, de ses sels minéraux et de ses oligo-éléments.

LE RIZ PRÉTRAITÉ, OU ÉTUVÉ

Il s'agit de riz paddy nettoyé puis amené à subir des pressions hydrauliques visant à concentrer ses micronutriments (vitamines…) dans le grain lui-même.

Une fois qu'il est sec, on a le choix entre le garder brun (et donc riche en fibres) ou le débarrasser de son péricarpe, ce qui est, bien entendu, moins intéressant dans le cadre de notre régime zen.

LE RIZ SOUFFLÉ

Il est commercialisé sous forme de céréales prêtes à consommer. Ses pétales sont généralement composés à partir de riz raffiné.

LE RIZ ROND

Il est utilisé essentiellement pour confectionner des desserts ; en effet, sa teneur élevée en amidon lui permet d'avoir « de la tenue ».

Manger du riz permet de lutter contre l'apparition de cancers du côlon

Quand, attaquées par les radicaux libres, une cellule ou un groupe de cellules cessent d'obéir au système qui régit l'organisme et se développent de manière anarchique, elles peuvent générer une tumeur cancéreuse. Cette tumeur peut se développer sur place, mais aussi à distance, en dispersant des cellules cancéreuses qui, à leur tour, formeront d'autres tumeurs : les métastases.

Les fibres alimentaires contenues dans le riz, notamment dans le riz complet, exercent une action de prévention au niveau des maladies intestinales, notamment les cancers du côlon.

Par modification de la flore bactérienne du côlon, de la dilution des sels biliaires et par accélération du temps de transit intestinal, les fibres préviennent l'apparition de maladies du côlon. Les substances cancérigènes contenues dans certains aliments se trouvent en effet moins longtemps en contact avec les parois de l'intestin.

En effet, certaines études auraient démontré que le cancer du côlon est moins courant chez les grands consommateurs de fibres alimentaires (riz, soja, fruits et légumes…).

Même si rien n'a encore été prouvé à ce jour, il est sûr que les fibres alimentaires ont la capacité de « capter » certains sels biliaires toxiques, réduisant ainsi leur contact avec les cellules des parois du côlon.

Manger du riz permet de lutter contre la constipation

Une alimentation pauvre en fibres alimentaires entraîne un ralentissement du transit intestinal. Le volume et le poids des selles sont insuffisants. Les fibres contenues dans le riz complet et toutes les autres céréales complètes permettent de régulariser le transit intestinal. Lorsque celui-ci s'effectue correctement (entre trente et quarante-huit heures), elles ne modifient pas sa durée. En revanche, elles l'accélèrent lorsqu'il se fait mal ou trop lentement, et le ralentissent s'il est trop rapide (soit moins de vingt-quatre heures).

Les fibres alimentaires ayant la particularité d'augmenter la teneur en eau des selles, il convient de boire suffisamment (1,5 litre d'eau par jour).

Manger du riz fait baisser le taux de cholestérol sanguin

Des études ont démontré que les fibres alimentaires contenues dans le riz auraient la propriété de faire baisser le taux de cholestérol sanguin, notamment le « mauvais » cholestérol LDL. Cette action bénéfique est due à la propriété des fibres de retenir les sels biliaires, diminuant ainsi leur absorption au niveau de l'intestin. L'organisme humain, qui synthétise les acides biliaires à partir du cholestérol, doit pouvoir disposer d'assez de sels biliaires afin de recomposer les acides biliaires, fondamentaux dans l'assimilation des graisses alimentaires. Ainsi, le corps puise dans ses propres réserves de cholestérol pour fabriquer les sels biliaires qui lui font défaut.

Des études ont démontré que la rareté des accidents cardio-vasculaires dans les pays faiblement industrialisés (comme le Japon rural) n'est pas seulement liée au fait que leurs populations consomment nettement moins de mauvais lipides. La grande consommation de fibres alimentaires contenues dans le riz, le soja et les autres céréales est également un facteur important de prévention de ce type de pathologies.

Manger du riz permet de stabiliser le taux de diabète sanguin

Les fibres alimentaires contenues dans le riz exercent une action bénéfique sur la stabilisation du taux de diabète sanguin, qu'il soit ou non insulinodépendant. Entre autres, elles modifient le pic glycémique postprandial en retardant l'absorption des glucides. De même, elles jouent un rôle dans la prévention de l'obésité, souvent liée à cette maladie.

Manger du riz permet de lutter contre l'obésité et les maladies cardio-vasculaires

Le riz est très pauvre en lipides ; or, on sait qu'une consommation trop élevée de lipides (plus de 30 % de la ration quotidienne) favorise et les maladies cardio-vasculaires, et le surpoids. À quantité égale, mieux vaut manger des glucides que des lipides, car ils sont moins caloriques (4 kcalories/1 g de glucides contre 9 kcalories/1 g de lipides).

LE SAVIEZ-VOUS ?

Au Japon, le riz peut être servi comme plat unique ou comme garniture. Son peuple lui consacre deux fêtes par an, parce qu'il est censé protéger contre les mauvais esprits, et représente également l'humilité.

On utilise le son de riz pour confectionner du vinaigre, du saké, et la paille pour fabriquer des tresses appelées shimenaya, qui servent à décorer les temples ou des shimekazari, décorations de porte servant à délimiter les espaces sacrés et qui surplombent maisons et bâtiments en période de nouvel an pour inviter les dieux à entrer.

Si le riz japonais est collant, c'est pour pouvoir le manger avec des baguettes. La variété la plus consommée au Japon n'est pas ou peu importée en France. Le riz à la californienne ou le riz italien (arborio) sont les variétés qui se rapprochent le plus du riz japonais.

L'index glycémique représente la vitesse à laquelle les glucides sont digérés ; les glucides lents ont un index glycémique bas, et les glucides rapides ont un index glycémique élevé. Or, le riz a un index glycémique intéressant, qui se situe entre 56 (pour un riz complet) et 83 (pour un riz blanc). Ce qui veut dire qu'il rassasie longtemps. Ce qui est l'effet recherché dans le cadre d'une tentative d'amincissement ou de maintien du poids.

D'autre part, les fibres alimentaires dont le riz est riche ont la capacité de capturer une partie des lipides et des glucides, de manière à ce qu'ils soient évacués dans les selles avant même d'être assimilés par l'organisme.

LES AUTRES CÉRÉALES ET LES LÉGUMINEUSES

Les céréales

L'AVOINE

Céréale de la famille des graminées, l'avoine est extrêmement nourrissante et riche en fibres naturelles. Ses grains sont en effet enrobés d'une cellulose naturelle résistant au blutage. Egalement riche en matières grasses d'excellente qualité (notamment en acide gras alpha-linolénique oméga-3), il est généralement consommé en flocons, au petit déjeuner ou dans les potages. On en fait également des farines qui peuvent entrer dans la composition de sauces et de gâteaux.

LE BLÉ

Il connaît une dimension symbolique de par son utilisation courante et quotidienne dans le pain. Issu de la famille des graminacées, il est utilisé chez nous depuis des millénaires dans l'alimentation. Le blé dur entre dans la composition des pâtes : choisissez de préférence des pâtes à la farine de blé complet, issu de l'agriculture biologique. Le blé tendre quant à lui est utilisé pour confectionner la farine panifiable. Nous vous conseillons de déguster du pain à base de farine de blé complet issu lui aussi de l'agriculture bio.

Le pilpil de blé est un aliment particulièrement sain et digeste. Son temps de cuisson est très réduit : environ dix minutes, ce qui est parfait pour les superwomen ! Il est généralement issu de blé complet de culture biologique. Il garde donc le germe, le péricarpe et toutes ses protéines. Il est également riche en vitamines et, bien sûr, en précieuses fibres alimentaires.

Le maïs

Autrefois, dans l'Amérique précolombienne, on l'associait au haricot sec pour obtenir un parfait équilibre alimentaire apportant les huit acides aminés essentiels. Eh oui, les Anciens avaient compris avant nous les grands principes de l'équilibre nutritionnel… C'est Christophe Colomb qui importa cette céréale en Europe. Elle fut d'abord consommée par les animaux ; l'homme en fit ensuite pour son usage des semoules, bouillies et farines. Même si cette céréale est peu consommée au Japon, il serait stupide de s'en priver car, à l'instar des autres céréales, elle détient de grandes vertus nutritionnelles.

Le millet

Cette céréale d'un beau jaune pâle a le goût délicieux du beurre frais. Au Moyen Âge, on le consommait comme produit de substitution du blé, en raison de sa teneur en protéines d'excellente qualité. Son atout ? Il cuit rapidement et accompagne avec brio légumes, légumineuses et plats de poisson.

L'orge

Préférez l'orge complète surnommée « riz occidental » à l'orge perlé, c'est-à-dire débarrassé de ses péricarpes… ou au whisky, alcool obtenu à partir d'orge fermenté. Cette céréale a la réputation de redonner des forces aux malades et aux convalescents. Sa farine est utilisée mélangée à celle du blé pour fabriquer du pain.

LE SEIGLE

Cultivé depuis l'Antiquité en Europe et dans les pays du Nord, le seigle moulu donne une farine panifiable car elle contient du gluten. Riche en cellulose, il facilite le transit intestinal.

Les légumineuses

LES HARICOTS SECS

Riches en protéines d'excellente qualité et en fibres alimentaires, ils existent sous plusieurs variétés : le haricot azuki ou haricot japonais, bien sûr, mais aussi les flageolets, les haricots rouges, les cocos blancs, les lingots, les soissons...

Si vous les achetez crus, faites-les tremper plusieurs heures dans l'eau froide pour faciliter leur digestibilité, puis rincez-les longuement à l'eau claire.

LES LENTILLES

Les lentilles sont réputées pour leur haute teneur en fer et en protéines. Qu'elles soient blondes, brunes ou vertes, choisissez des lentilles complètes, issues de l'agriculture biologique.

Dans les pays en voie de développement, elles servent de succédané aux produits d'origine animale. Toutefois, pour être sûr d'apporter à votre organisme les huit acides aminés dont il a besoin, vous consommerez parallèlement une céréale (une tranche de pain par exemple) ou un peu de riz.

LES POIS CASSÉS

Consommés généralement en purée, les pois cassés sont des graines séchées et traitées pour être cassées en deux parties. Leur richesse en fibres alimentaires est à retenir : 23,5 g de fibres/100 g.

LES POIS CHICHES

Légumineuse cousine du petit pois, elle en diffère par sa couleur brun clair et sa taille un peu plus grande. Il s'agit d'une plante annuelle, dont les gousses ne contiennent que deux graines, conservées à l'état sec. Egalement très riche en protéines (22 %), elle recèle des vitamines, des sels minéraux et beaucoup de fibres (23 g/100 g).

Les pois secs

Il s'agit du même pois que notre célèbre petit pois, à la différence que ses graines sont séchées. Ils sont riches en fer et en fibres alimentaires (22 g/100 g).

Les haricots rouges

Les azuki, petits haricots rouges cultivés au Japon dont ils sont originaires, sont réputés pour leur action bénéfique sur les reins. Il s'agit du haricot le plus utilisé avec le haricot de soja. Il sont délicieux dans les potages, en salade, sautés avec des champignons, des pousses de bambou ou des légumes, mêlés à du riz ou en confiture. Vers les XIIe ou XIIIe siècles, les Japonais, enseignés par les Chinois, commencèrent à confectionner une pâte rougeâtre dégustée comme une friandise à partir du haricot azuki. Aujourd'hui, les namagashi, gâteaux japonais dont la pâte s'élabore généralement à partir de riz glutineux (mochigome), sont fourrés à la confiture de haricots (azuki an). Le mochi fourré à la confiture de haricots est appelé un daifuku.

Le haricot azuki est aussi utilisé pour faire un « thé » qui aurait la vertu de normaliser le taux de diabète sanguin : faites griller une à deux cuillerées à soupe de haricots azuki sans les brûler. Faites bouillir un demi-litre d'eau, jetez-y les haricots grillés et laissez réduire le liquide à petit feu. Mettez enfin une petite pincée de sel, faites bouillir une à deux minutes, laissez reposer quelques instants et savourez.

D'une saveur délicate, il est utilisé pour élaborer des plats salés comme sucrés. Il est facile à digérer et ne nécessite pas de trempage. Sa composition est proche de celle des haricots rouges traditionnels : il est riche en glucides lents de bonne qualité, en protéines et en vitamine A, en vitamines du groupe B et en vitamine C, en magnésium, en calcium, en cuivre et en fer, d'où sa réputation antianémique. Sa teneur en fibres (8 g / 100 g) est également intéressante.

Les haricots azuki doivent bien sûr être cuits avant consommation. Ils doivent être conservés dans un endroit sec et frais. Cette plante aux petites gousses, qui peut atteindre 20 à 90 cm de haut, compte une soixantaine de variétés. Les haricots les plus souvent utilisés sont rouge foncé mais il existe également des espèces grises, vertes ou jaunes. Elles sont unies ou tachetées et ornées d'un hile blanchâtre.

Les azuki sont cuits généralement à la vapeur avec du riz collant en certaines occasions, ou bouillis avec du sucre pour fabriquer une pâte sucrée qui constitue la base de la confiserie japonaise.

Les légumes et les fruits

Comme la plupart des orientaux, les Japonais sont de grands consommateurs de légumes et de fruits.

LES LÉGUMES

L'AIL

L'ail est très consommé par les populations asiatiques. Il contient une substance spécifique : l'allicine, qui lui donne cette saveur caractéristique. Cette substance exerce une action bactéricide et antiseptique importante.

Quand l'ail est cuit ou écrasé, l'allicine se transforme en ajoène, aux vertus anticoagulantes. L'ail est en effet réputé pour faire baisser le taux de graisses dans le sang (cholestérol, triglycérides), pour contrarier l'agrégation plaquettaire, pour lutter contre l'athérosclérose en fluidifiant le sang et en augmentant le taux de cholestérol HDL (bon cholestérol).

Une autre substance contenue dans l'ail, l'adénosine, détient également des propriétés anticoagulantes.

Il possède aussi un effet hypotenseur en agissant sur la dilatation des vaisseaux, améliore la circulation sanguine et... favorise la production de spermatozoïdes. De récentes études auraient prouvé que la consommation régulière d'ail permettrait d'éviter l'apparition de certains cancers.

L'ail possède une action calmante sur l'intestin : c'est un excellent antidiarrhéique. Il diminue la formation de gaz et les flatulences, favorise la sécrétion de bile par le foie, facilite l'écoulement de la bile dans le duodénum.

L'ail détient également des propriétés diurétiques et détoxifiantes : sa consommation permet d'éliminer les déchets accumulés dans l'organisme et de purifier le sang.

D'autre part, il faut savoir que l'ail est assez riche en fibres (3 g/100 g), en vitamines A, B1, B6 (1,2 mg), B8, C (30 mg), E (0,1 mg), très riche en potassium (416 mg), en soufre (200 mg) et en calcium (30 mg). Il contient aussi du magnésium (21 mg), du fer (1,4 mg), du phosphore, du sélénium, du sodium et du zinc.

L'AVOCAT

Mangé comme un légume, l'avocat est pourtant le fruit de l'avocatier. C'est en réalité un fruit oléagineux. Riche en graisses monoinsaturées, il a la particularité de faire baisser le taux de mauvais cholestérol sans modifier le bon. Sa richesse en glutathion, en vitamines A, C et E le place en tête des aliments antioxydants. Il recèle également du potassium (500 mg/100 g), du magnésium (35 mg), du calcium (15 mg) du fer (1 mg), du bêta-carotène (200 mcg) des vitamines du groupe B, de la vitamine E (2 mg) et de la vitamine C (10 mg).

L'AUBERGINE

Originaire de l'Inde, ce légume à la peau violacée, aux formes rondes et douces, est aujourd'hui consommé au Japon.

L'aubergine possède des vertus diurétiques et légèrement laxatives. Riche en fibres alimentaires, elle constitue également une source de bêta-carotène, de vitamines du groupe B (notamment la vitamine B9), de vitamine C en petite quantité, de potassium, de magnésium et de calcium.

La vertu essentielle de l'aubergine est sa capacité à intercepter les graisses absorbées au cours du repas et de les capturer dans ses fibres, freinant et atténuant ainsi le passage des lipides dans le sang.

De la même manière, elle détient la capacité de se gonfler de graisses au cours de la cuisson. C'est pourquoi vous veillerez à la cuisiner sans trop de matières grasses, et pas n'importe lesquelles : l'huile d'olive, d'arachide, riches en bons acides gras monoinsaturés, faisant baisser le taux de mauvais cholestérol sans modifier le bon, ou encore l'huile de sésame et de soja sont, nous l'avons vu, à l'instar des Japonais, à préconiser.

LA CAROTTE

Ce légume plutôt occidental est désormais consommé couramment au Japon. La carotte constitue un puits d'agents antioxydants et anticancer : bêta-carotène, vitamines du groupe B, notamment la vitamine B9 ou acide folique, vitamine C, vitamine E et magnésium.

Riche en fibres alimentaires de bonne qualité, elle recèle également du potassium, du calcium et du fer.

La carotte est une gourmandise à consommer sans modération, crue, en bâtonnets, dans du riz par exemple ou cuite dans des plats exotiques.

Elle est recommandée à tous ceux qui souhaitent améliorer leur vision et avoir une jolie peau. Elle permet également de lutter contre la fatigue, l'anémie, les infections, de faciliter la formation des dents, de rattraper les retards de croissance.

LES CHAMPIGNONS

- Champignon shiitake, appelé Lentin en France

Appelé également *Lentinus edodes*, lentin, ou Shii-také, ce champignon issu d'Extrême-Orient, notamment de la Chine et du Japon, pousse principalement sur les chênes. Il possède un chapeau brun épais, au bord légèrement recourbé vers l'intérieur. C'est ce chapeau aux lamelles beiges, un peu molles, qui est consommé. Le pied, lui, est trop fibreux. On peut se le procurer dans certains magasins de diététique ou séché, en sachets, dans le quartier chinois. Dans ce cas, il faut le réhydrater avant de le cuisiner. Il contiendrait certaines substances capables de faire baisser le taux de cholestérol sanguin. Une enquête a prouvé que le fait de consommer chaque jour 100 g de champignons shiitake réduisait de 12 % environ le taux de cholestérol. Il a également la vertu d'annihiler les mauvais effets des graisses saturées.

• Champignon noir, ou Oreille de Judas

Appelé Kikurage par les Japonais, ce champignon est vendu en France séché. Il faut le replonger dans l'eau claire pendant 15 à 20 minutes afin de le réhydrater. Le dessus de son chapeau est noir, le dessous présente une teinte plutôt brune. Il ressemble à une grosse oreille noire et gonflée, ce qui lui a valu son nom. On l'apprécie pour sa texture croustillante, dans des soupes, des fritures ou des salades.

• Champignon Enokitake, ou Collybie à pied velouté

Ce champignon d'un blanc tirant sur le jaune, formé d'un long pied fin ambré et d'un chapeau délicat, pousse en groupe sur les souches dès l'automne. Il est très apprécié en Asie en général et au Japon en particulier pour son goût à la fois doux et délicat et sa texture légèrement craquante. On peut s'en procurer dans les boutiques asiatiques. Il est consommé cru, en salade ou dans les soupes ou les plats asiatiques. Dans ce cas, il doit être ajouté en fin de cuisson pour ne pas dénaturer son goût ni sa saveur.

• Le matsutake

Au Japon, le matsutake était utilisé en mycothérapie pour combattre diverses maladies. Il s'agit au Japon d'un produit de luxe, donc assez cher, un peu comme nos truffes françaises. Il pousse dans les montagnes japonaises et les forêts de pin, d'où son surnom de « champignon de pin ». On le trouve dans certaines épiceries spécialisées. Sa cuisson doit être très rapide pour préserver sa saveur.

• Champignon Nameko

Largement répandu au Japon comme dans tous les pays d'Extrême-Orient, le Nameko pousse du printemps à l'automne en touffes dans les souches des feuillus ou des conifères. Il s'agit d'un petit champignon dont le chapeau en forme de bouton a une belle couleur ambrée et un aspect luisant. Le pied, trop fibreux, n'est vraiment pas savoureux. On peut lui reprocher son goût un peu terreux. Toutefois, son parfum particulier est très apprécié des Japonais.

Sa richesse en protéines, en potassium, en phosphore, en calcium, en fer et en fibres alimentaires, ainsi que sa valeur calorique relativement faible, en font un aliment dont il ne faut pas se priver.

Tous les champignons contiennent de nombreuses substances antioxydantes : vitamine A, vitamines du groupe B (B2, B5, B9), vitamine C, vitamine E, magnésium, sélénium, zinc.

LE CHOU CHINOIS (HAKUSAI)

Comme son nom ne l'indique pas, le chou chinois est très consommé au Japon. Il est également apprécié en Occident depuis le XVIIIe siècle. On le mange cru, en salade ou cuit, dans des plats exotiques. Vous choisirez des choux bien fermes, aux feuilles craquantes, à la tige ferme et compacte.

Il constitue une source de vitamines et de sels minéraux : bêta-carotène, vitamines B1, B2, B6, C en grande quantité, vitamine K, soufre, calcium, fer, phosphore, potassium, magnésium, chrome, cobalt, manganèse et zinc.

Le gai lon, cousin du chou chinois, se consomme lui aussi cru ou cuit. On a coutume de le surnommer « brocoli chinois », car sa saveur s'en rapproche. Comme le chou chinois, il est riche en vitamines A et C, antioxydants puissants, en calcium et en fer.

Ces choux constituent également une source de vitamines et de sels minéraux : bêta-carotène, vitamines B1, B2, B6, K, soufre, calcium, phosphore, potassium, magnésium, chrome, cobalt, manganèse et zinc.

Le concombre

Le concombre est un légume rafraîchissant, très peu calorique (17 kcal/100 g). Il peut se manger cru ou cuit. Le kyuuri est un concombre japonais, plus petit, avec un goût plus subtil que les variétés occidentales; il est également moins riche en eau que son homologue occidental. Dans vos recettes, vous pourrez remplacer le kyuuri par du concombre traditionnel.

Le crosne ou « artichaut du Japon »

Originaire du Japon où il est toujours cultivé, le crosne est une plante potagère vivace par ses rhizomes de la famille des labiées. Il s'agit de l'un des ingrédients traditionnels de la cuisine extrême-orientale. Le tubercule poussant sous terre est la partie consommable de la plante. On apprécie son goût légèrement sucré d'artichaut, selon les uns, d'asperge ou de châtaigne, selon les autres. On le consomme avec sa peau, soigneusement lavé et brossé sous l'eau courante. Il faut généralement le faire blanchir à l'eau salée avant de le faire revenir dans une poêle, dans un peu d'huile.

100 g de crosnes ne contiennent que 75 kcal soient 2,6 g de protéines, 16 g de glucides et aucun lipide.

Les épinards

Importé en Europe par les Arabes au Moyen Age, ce légume est couramment consommé au Japon, cru, pour ses feuilles qui sont farcies de mets subtils. Riche en potassium (500 mg), en calcium (110 mg), en magnésium (60 mg), il contient aussi du bêta-carotène (4 mg), du sélénium (180 mcg), du zinc (0,5 mg), du phosphore et du chlore, de la vitamine A, B, C, D (40 mg) de la vitamine B9, de la lutéine, un antioxydant, et de la vitamine E. Il recèle également des acides gras alpha-linoléniques oméga-3.

Il est également très riche en chlorophylle, capteur d'énergie solaire. Grâce à ces nutriments, l'épinard pénètre dans la constitution des globules rouges et a des propriétés antianémiques. C'est un reminéralisant de grande valeur, un activateur de la sécrétion pancréatique et un tonicardiaque.

Le navet

Même s'il est plutôt originaire de nos contrées, le navet se situe en bonne place dans la cuisine asiatique. Ce modeste légume est une source incontestée de bêta-carotène, de Vitamine C, vitamine E, magnésium, indoles et soufre, qui ont tous des vertus antioxydantes.

On doit également le consommer pour le potassium, le calcium et le fer qu'il contient.

On le cultive pour ses feuilles (pousses) et ses tubercules (racines). Ses feuilles peuvent être consommées cuites, à la manière des feuilles de brocolis, ou crues, en salade. Quant à la racine, elle se déguste en potage, en ragoût ou encore en salade, découpée en fines lamelles.

La racine de navet crue, arrosée d'un filet d'huile d'olive et de jus de citron, est recommandée pour lutter contre la constipation. Les feuilles sont consommées pour leurs vertus diurétiques.

L'oignon

L'oignon est un légume excellent pour la santé. C'est certainement pour cette raison qu'il figure en bonne place dans la cuisine japonaise. Il contient en effet de nombreuses substances antioxydantes : bêta-carotène, vitamines B1 et B2, vitamine C, vitamine E, magnésium, sélénium, glutathion, quercétine et soufre.

Il contient également du calcium, du sodium, du potassium, du fluor et du fer qui en font une mine de trésors pour améliorer ou conserver la santé.

Aujourd'hui, l'oignon est consommé pour sa saveur et pour ses nombreuses propriétés : il aurait des vertus diurétiques, antibiotiques, anti-inflammatoires, anti-infectieuses, bactéricides, cardiotoniques, hypoglycémiantes, vasodilatatrices. On le conseille pour combattre l'œdème, l'albuminurie, l'uricémie, l'hypertrophie prostatique, pour combattre les maladies des voies urinaires et les infections intestinales aiguës, et pour pallier une insuffisance hépatique.

La consommation d'oignon cru augmente la sécrétion biliaire, abaisse le taux de cholestérol et d'urée, fluidifie le sang.

LA PATATE DOUCE

Appelée satsumaimo en japonais, la patate douce n'appartient pas à la même famille que la pomme de terre, moins riche en vitamines et minéraux que la patate douce. Elle doit son nom actuel à son nom latin, *Ipomoea batatas*. Poussant très bien sur les sols pauvres, la patate douce est l'un des légumes les plus consommés au monde. On la cultive généralement pour sa racine; néanmoins, ses feuilles peuvent également être mangées en salade.

La patate douce est un légume riche en glucides (25 %); elle apporte 110 kcal/100 g. Elle constitue une excellente source de bêta-carotène (3 à 6 mg aux 100 g), et apporte aussi des fibres alimentaires, du fer, du potassium, de la vitamine C, de la vitamine E et du zinc. Plus la peau de la patate douce est de couleur rouge orangé et la chair orangée, meilleur est son taux de bêta-carotène. La patate douce a une saveur sucrée et une texture farineuse, rappelant celles des châtaignes. Sur les marchés, on la trouve toute l'année.

Choisissez des patates douces d'un bel orange vif, saines et bien fermes, avec une peau lisse. La patate douce est généralement consommée cuite, dans des plats salés ou sucrés, en purée, gâteau, sautée, en beignets, etc. Sa peau étant fine et digeste, il n'est pas obligatoire de l'éplucher avant de la cuisiner. En revanche, vous veillerez à la brosser soigneusement.

La cuisson à l'eau demande environ 15-20 minutes. Au four, on peut faire cuire des patates douces en faisant une incision dans la peau, une heure à thermostat 5 (190 °C).

La patate douce se conserve environ une semaine à température ambiante et plusieurs semaines à la cave ou au garde-manger, à une température d'environ 10 °C. En revanche, elle se conserve très mal en milieu humide ou lorsqu'elle est mouillée. Sa grande richesse en substances antioxydantes lui donne des vertus protectrices contre les maladies cardio-vasculaires, certains cancers et la cataracte. Son taux élevé de vitamine E est par ailleurs bénéfique pour la peau, le cœur et la fertilité. Enfin, sa bonne teneur en fer en fait une alliée pour lutter contre l'anémie, particulièrement fréquente chez les femmes en âge de procréer. De par sa teneur en fibres et en glucides lents, la consommation de patates douces procure une sensation de rassasiement assez prononcée.

LE POIREAU

Couramment consommé au Japon, ce légume traditionnellement consommé en Occident est riche en vertus. Ce cousin de l'ail et de l'oignon constitue en effet un concentré d'éléments antioxydants : bêta-carotène, vitamines du groupe B (B3, B6, B9), vitamine C, vitamine E, magnésium.

Le poireau contient aussi du fer, du calcium, ainsi que du sulfate d'allicine, qui lui donne son odeur et son goût caractéristiques.

Utilisé pour ses propriétés diurétiques depuis toujours, le poireau lutte contre la rétention d'eau. Il s'avère également efficace pour soigner les bronchites et les extinctions de voix et pour combattre la constipation. On le mange en général cuit à la vapeur, à l'eau, braisé, mais on peut également en déguster ses jeunes pousses vert tendre crues, en salade.

LE POIVRON

Délicieux cru ou cuit dans les plats exotiques, le poivron recèle de nombreuses substances antioxydantes qui en font recommander la consommation : bêta-carotène, vitamine C, vitamine E, flavonoïdes, lutéine et magnésium. On l'apprécie aussi pour sa teneur en potassium, calcium et fer.

Vert, rouge ou jaune, il recèle la même valeur alimentaire et les mêmes vertus diurétiques, tonifiantes et anti-infectieuses. Néanmoins, la variété rouge est la plus riche en bêta-carotène.

Le poivron se mange cru, en salade, ou cuit, mélangé à

d'autres légumes sautés à l'huile d'olive (courgettes, aubergines, tomates...). Le piiman, poivron japonais, est quelque peu différent du poivron occidental: sa peau est plus fine et son goût plus délicat.

La pomme de terre

Désormais cultivée au Japon, la pomme de terre représente une source importante de micronutriments précieux pour prévenir le vieillissement prématuré et lutter contre le cancer: vitamines du groupe B (B1, B2, B5, B6, B9 ou acide folique), vitamine C, vitamine E, magnésium.

Sa teneur en potassium, en phosphore, en fer et en calcium en font par ailleurs une amie de la santé.

Elle est riche en sels alcalins et convient admirablement aux personnes déminéralisées et "acidifiées". Elle calme les muqueuses digestives.

Mieux vaut la faire cuire à la vapeur, avec la peau, afin de conserver au maximum ces micronutriments, ou sautée dans une poêle, avec un peu d'huile. Les pommes de terre germées ne se mangent pas sans qu'on leur retire une épaisse couche de peau, car elles contiennent une substance toxique, la solanine.

Elle détient des propriétés antioxydantes et permet de lutter contre les infections. En outre, sa valeur calorique est moins élevée qu'on ne le pense généralement (90 kcal/100 g), et on peut en consommer assez souvent, sans toutefois avoir la main lourde sur les ingrédients qui, eux, font grossir et sont gorgés de lipides saturés: beurre, crème, fromage...

Les pousses de bambou

Les pousses de bambou, ou takenoko, poussent depuis longtemps au Japon. Elles sont appréciées pour leur goût subtil, leur saveur sucrée et leur texture croquante. Les pousses doivent être débarrassées de leur écorce et de leurs poils avant d'être consommées. Dans nos pays occidentaux, on trouve des pousses de bambou en conserve de verre ou métallique. Un conseil: rincez-les soigneusement avant de les cuisiner. Les pousses de bambou fraîches ne doivent jamais être consommées crues, car elles contiennent des substances toxiques. Il convient de les faire cuire trente minutes environ dans une grande quantité d'eau légèrement salée avant de les cuisiner selon la recette choisie. Les pousses de bambou sont riches en protéines, en calcium, en phosphore et en vitamine B.

LA RACINE DE LOTUS (RENKON)

Cette plante vivace asiatique est cultivée au Japon depuis trois millénaires. Même si l'ensemble du lotus est consommable (fleur, graines…), c'est principalement la racine qui est appréciée pour sa chair blanche, tendre et légèrement sucrée. Percée de trous, la racine de lotus présente un aspect dentelé lorsqu'elle est coupée en tranches. Elle est appréciée pour son goût particulier et son croquant. On la consomme crue, en salade, marinée dans du vinaigre ou cuite, sautée à la poêle ou au wok, ou encore confite, en dessert. La racine de lotus constitue une excellente source de vitamine C. En macrobiotique, on a coutume de l'utiliser pour libérer les bronches et les voies respiratoires. Vous pourrez vous procurer des racines de lotus fraîches ou en conserve dans les épiceries et sur les marchés asiatiques.

LE RADIS

Le dïkon est un gros radis blanc légèrement sucré, cultivé au Japon. Appelé également lo bok, radis blanc japonais ou navet chinois, il peut être conservé dix à quinze jours dans le bac à légumes du réfrigérateur. Ses feuilles au goût de chou peuvent également être consommées en salade. Choisissez des dïkon bien fermes, sans taches, d'une grandeur moyenne. On le cuit généralement à la vapeur, à l'eau ou au wok. Riche en vitamine C, il a la réputation de faciliter la digestion, notamment des graisses, et d'aider à éliminer le cholestérol en excès quand il est consommé cru.

LA TOMATE

Elle est aujourd'hui fort consommée au Japon. Et c'est tant mieux, car ce fruit dégusté comme un légume contient de nombreux agents intéressants pour la santé. On la consomme plutôt cuite que crue au Japon : par bonheur, le lycopène, caroténoïde puissant, développe davantage ses vertus antioxydantes avec la cuisson.

Elle constitue une source importante de substances permettant de lutter contre l'apparition de certaines maladies : bêta-carotène, lycopène, un antioxydant très efficace, protecteur du système digestif, qui stimule également les défenses immunitaires, vitamines du groupe B (B3, B5, B6, B9 ou acide folique), vitamine C, vitamine E.

Elle nous vient d'Amérique du Sud, plus précisément du Pérou. Détenant des propriétés laxatives, digestives et diurétiques, elle parfume de sa saveur juteuse les plats les plus simples. À noter : tous les dérivés de la tomate sont riches en lycopène (concentré de tomates...).

Les fruits

La châtaigne

La châtaigne du Japon (Kuri) est plus petite et plus sucrée que la châtaigne occidentale. Sa peau est fine, tendre et rugueuse. Sa chair, d'un beau jaune, est succulente. Elle est consommée comme un fruit, dans les friandises par exemple, ou comme un légume, en gratin, purée, potage... On en trouve deux variétés : la tamba (la plus grande) et la shiba, plus petite et plus sucrée.

Le kaki

Cultivé au Japon où il est consommé depuis plus de 1000 ans, le kaki ressemble à une belle tomate, à la peau lisse et fine, à la chair d'un bel orange vif. Ce fruit du plaqueminier, appelé kakinoha par les Japonais, est riche en bêta-carotène, en vitamine C et en sels minéraux. C'est quand il est bien mûr que le kaki acquiert toutes ses qualités : sa peau se décolore, devient transparente, sa chair ramollit. De par sa richesse en vitamine C, il serait censé renforcer les défenses immunitaires, et donc protéger contre la redoutée grippe hivernale. On le consomme nature, à la petite cuiller ou cuisiné en coulis ou en sorbet.

Les feuilles du plaqueminier servent à envelopper les sushis.

LA NOIX DE GINKGO

Le ginkgo est un arbre dont les feuilles sont utilisées pour lutter contre les troubles circulatoires cérébraux et le vieillissement. Les noix (baïgo) de l'arbre femelle, tendres et blanches, constituent une importante source de potassium et de niacine. Elles sont traditionnellement utilisées dans la cuisine asiatique. Leur goût subtil se rapproche de celui de la noix de pin. Elles sont excellentes en brochettes, cuites à la vapeur, rôties, en papillotes ou sautées.

LA PÊCHE

Originaire d'Asie, ce fruit très populaire se savoure tout l'été (juin à septembre). Son faible apport calorique, ses pouvoirs désaltérants, les vitamines et les sels minéraux qu'elle contient font d'elle l'alliée de la forme et de la beauté. Il existe deux principales variétés de pêches : la pêche blanche, parfumée mais fragile, et la pêche jaune.

La peau de pêche, douce au toucher, peut être consommée car elle est riche en vitamines. Choisissez pour cela des produits issus de l'agriculture biologique et lavez-les soigneusement.

Évitez de conserver le noyau de pêche en bouche après vous être régalé, car il contient un produit toxique.

La pêche est riche en bêta-carotène, notamment dans la variété jaune, en vitamines du groupe B (B3, B9), vitamine C, vitamine E, magnésium, glutathion, lutéine, puissant stimulateur du système immunitaire et protecteur des yeux et du cœur. Elle constitue aussi une source de calcium, de fer et de potassium.

LA PRUNE

Originaire d'Asie occidentale, la prune se répand, durant l'Antiquité, dans l'empire romain et en Egypte. Il en existe une multitude de variétés : la reine-claude, massive, d'un beau vert, la mirabelle, jaune et sucrée, la quetsche, d'un beau bleu violacé, de forme allongée, la prune d'Ente (séchée, elle devient pruneau d'Agen)... Elle constitue un laxatif naturel de qualité, stimule la sécrétion biliaire, détient des vertus diurétiques et dépuratives qui font conseiller sa consommation en cas d'intoxication alimentaire. La prune est très riche en substances antivieillissement : bêta-carotène, vitamine C, vitamine E, vitamines du groupe B (B3, B9), magnésium, calcium, fer et potassium. Au Japon, les prunes sont cueillies avant maturation, puis mises à tremper en saumure. On les enveloppe ensuite dans des feuilles de shiso dans lesquelles elles achèvent leur maturation. On les consomme généralement pour leur action bénéfique sur le système digestif.

La poire japonaise : le nashi

Le nashi, poire des sables ou poire orientale, originaire du Japon, évoque la poire par sa saveur, et la pomme par sa forme. Toutefois, son arôme subtil et désaltérant, sa chair blanche, translucide et juteuse ainsi que les couleurs de son épiderme, oscillant entre le jaune, le vert et le bronze, le placent définitivement dans la famille des poires.

Traditionnellement cultivé dans les zones tempérées de l'Extrême-Orient (plus particulièrement au Japon, en Corée du Sud et en Chine), ce fruit du *Pyrus pyrifolia* est arrivé en Europe au cours des années quatre-vingts ; il est cultivé aux Etats-Unis depuis le début du XXe siècle.

Il existe deux principales catégories de nashis : les variétés à peau rugueuse, de couleur bronze, et les espèces à peau lisse, de couleur vert à jaune.

Le nashi se déguste cru ou cuit, salé ou sucré, en entrée dans des salades, en chiffonnade, en compote, sauté, grillé ou en coulis. Riche en vitamine C, en magnésium, en potassium et pauvre en calories, le nashi peut être consommé sans modération.

Le thé vert

Qu'il soit noir ou vert, le thé est issu d'un seul et même arbuste, le théier ou *Camellia sinensis*. Le premier a subi une fermentation, tandis que le deuxième est cueilli avant maturation et utilisé après un séchage rapide de ses feuilles à la vapeur pour stopper toute fermentation et conserver aux feuilles leurs propriétés médicinales et nutritives.

Le thé vert contient en grande quantité des polyphénols, substances antioxydantes ayant la propriété de protéger contre l'apparition de certains cancers (gros intestin, côlon, estomac, œsophage, pancréas, poumons, peau...).

Ces substances agiraient en empêchant la production d'éléments cancérigènes au sein du corps humain ; elles permettraient également de faire régresser certaines tumeurs cancéreuses déjà constituées.

La consommation régulière de thé permet de réduire de 60 % les risques de maladies cardio-vasculaires et d'infarctus. Elle permet de prévenir en partie l'oxydation du cholestérol et d'empêcher le cholestérol oxydé de se déposer dans la paroi des artères.

Pour obtenir ce résultat, il suffit de boire quotidiennement quatre ou cinq tasses de thé vert (ou thé vierge) ou noir, bien que le premier ait la réputation de détenir des pouvoirs antioxydants supérieurs à ceux du thé noir.

Il est également l'ami de la minceur : très diurétique, il permet également de favoriser l'évacuation des graisses hors des adipocytes (cellules graisseuses), par stimulation enzymatique.

Les polyphénols contenus dans le thé ont également la propriété d'inhiber l'assimilation d'une partie des glucides et des lipides.

Le thé contenant du fluor, sa consommation est conseillée pour prévenir l'apparition de caries dentaires.

Il existe différentes qualités de thé : le plus commun est le Sencha, à la saveur quelque peut insipide et amère. L'un des plus raffinée, utilisé d'ailleurs uniquement pour la cérémonie du thé, est le Macha. Le Genmaicha est un thé de qualité moyenne grillé, puis mélangé à du riz complet lui aussi grillé. Quant au Mugicha, thé d'orge, il se boit en principe glacé.

Au Japon, pour préparer le thé, on frotte entre elles de jeunes feuilles de thé chauffées à la vapeur, que l'on laisse ensuite sécher. Le thé se boit nature, sans sucre ni lait.

Les algues

Peu ou pas consommées dans nos pays occidentaux, les algues constituent pourtant une source incontestable de micro-nutriments. Il faut savoir que de plus en plus de magasins spécialisés en diététique et en produits asiatiques proposent à la vente des algues recueillies dans d'excellentes conditions. Une autre piste : les bars à sushi, qui pourront parfois vous dépanner ou vous communiquer l'adresse de leur fournisseur.

Au Japon, les algues sont utilisées pour confectionner des bouillons, des soupes, ou pour envelopper les sushi (comme les feuilles du plaqueminier). On les consomme fraîches ou déshydratées.

Venant de la mer, les algues constituent un trésor de bienfaits. Il faut savoir que l'eau de mer (non polluée s'entend) a une composition qui se rapproche beaucoup de celle du plasma sanguin. Elle contient tous les éléments nécessaires au maintien de la vie, éléments que les algues absorbent et concentrent dans leurs tissus.

Grâce à leur richesse en enzymes, en sels minéraux et en oligo-éléments, les algues aident le corps à éliminer les effets nocifs des matières grasses animales. Elles aident à neutraliser les produits toxiques que nous consommons. Elles permettent de prévenir l'apparition de l'arthrite, des désordres nerveux et du dysfonctionnement du système endocrinien.

Il existe différentes variétés d'algues consommées par les populations japonaises :

LE NORI

Le nori (*porphyra tenera*), mot japonais signifiant

« algue », est l'espèce la plus consommée au monde. Il s'agit d'une variété de laminaire. Les feuilles de nori déshydratées sont élaborées, au Japon, à partir de différentes espèces de nori, soigneusement lavées puis disposées en fines couches successives dans des bacs, afin d'obtenir des feuilles brunes ou vert foncé qui seront ensuite légèrement grillées au-dessus d'une flamme. Il faudra les humecter légèrement avant usage. On les utilisera pour envelopper les sushi, comme décoration, ou alors elles serviront à relever le goût de potages, plats cuisinés… Le nori rouge, que l'on trouve au Japon, est particulièrement recherché pour habiller les sushi. Cette espèce est très riche en protéines et en oligo-éléments.

Ce produit, importé du Japon, est vendu dans les bonnes épiceries japonaises ou dans les magasins de diététique.

En France, on utilise une espèce voisine, la *Porphyra tenera* sauvage provenant des côtes bretonnes, vendéennes, charentaises pour fabriquer une préparation ressemblant fort aux algues japonaises, tant du point de vue de l'aspect que de celui des qualités nutritionnelles. Cette préparation porte également le nom de nori.

Le nori est une source exceptionnelle de micronutriments. Il contient en effet 5 fois plus de calcium que le lait, 2 fois plus d'iode que les coquillages, 7 fois plus de fer que les épinards, beaucoup de protéines et de fibres alimentaires, les vitamines A, B1, B2, B6, B12, C, de la niacine, mais aussi du calcium, du fer, de l'iode, du magnésium, du potassium, du soufre, du phosphore, ainsi que les huit acides aminés essentiels que le corps ne peut fabriquer et qui doivent donc être apportés quotidiennement par l'alimentation.

Le nori est l'une des algues les plus subtiles et les plus parfumées. Extraordinairement ténue, d'une belle couleur d'ébène aux miroitements rougeâtres, elle peut être consommée crue si on la hache menu. On la mêle traditionnellement aux légumes, aux pâtes, aux bouillons ou aux plats cuisinés.

Le wakame

Cette algue d'une belle couleur vert bronze à vert foncé, à la nervure centrale large et épaisse, était autrefois offerte aux divinités asiatiques pour les remercier de leur générosité. Consommé cru, après trempage, dans des salades ou des crudités, ou cuit dans des céréales ou des légumes, le wakame est consommé quotidiennement au Japon où l'on apprécie sa saveur fine et sa texture particulièrement tendre. Le wakame est également cultivé en France. Particulièrement riche en protéines (20 %), il est recommandé aux sportifs, aux enfants, et même aux personnes souhaitant perdre du poids. Très riche en vitamine B12, cette vitamine dont regorge le foie des animaux, le wakame équilibre le système hépatique.

La forme la plus facile à trouver en France est le wakame déshydraté. Dans ce cas, il faut le faire tremper quelques minutes avant de le consommer cru ou de le faire cuire.

Le kombu

Le kombu est une algue assez grande et assez dure. On l'apprécie pour son goût iodé, sa texture charnue et volumineuse. Il est traditionnellement utilisé dans l'élaboration du fumet de poisson (dashi), préparation de base de plusieurs plats.

Appelé également varech séché, le kombu est très riche en acide glutamique, substance augmentant la digestibilité des aliments, en iode, en fer, en potassium, en vitamine A. Il s'agit d'un aliment particulièrement régénérant.

Son goût s'accorde parfaitement avec celui des céréales et des légumineuses. On le consomme généralement cuit ; le temps de cuisson ne doit pas excéder dix à quinze minutes afin de ne pas dénaturer la qualité de ses micronutriments.

L'hijiki

L'hijiki est une algue brune, qui ressemble fort à une petite nouille séchée. Elle est vendue déshydratée et doit être trempée dans l'eau avant d'être consommée. Elle est alors cuite à la vapeur, sautée à la poêle, ajoutée en fin de cuisson à des plats, dégustée en salade avec du tofu… Elle entre également dans la confection de sandwiches, crêpes ou potages. On l'utilise aussi pour préparer des infusions reminéralisantes.

L'IZIKI

L'iziki pousse sous forme de buissons dans la mer japonaise, à un ou deux mètres de profondeur pour bénéficier des bienfaits du soleil. On le récolte sous l'eau, à la main. L'iziki est alors remonté et séché au soleil. L'iziki est considéré par les adeptes des principes macrobiotique comme la plus « Yang » des algues, et donc la plus indiquée pour combattre le diabète sanguin, désigné comme maladie Yin. Sa teneur en calcium et en fer est impressionnante : à poids égal, elle contient 14 fois plus de calcium que le lait de vache. L'iziki ressemble à un brin d'herbe noire et drue. C'est une des algues ayant une grande teneur en oligo-éléments : 34 %. Elle est très populaire au Japon où elle est consommée quotidiennement. Elle contient également de la vitamine A et de la vitamine B.

L'iziki a également la réputation de faire baisser le taux de mauvais cholestérol sanguin et de stabiliser le taux de diabète. Les Japonais font de temps en temps une cure d'iziki pour retrouver la forme et conserver la santé.

UNE ALIMENTATION PAUVRE EN SUCRES RAPIDES

La famille des glucides est constituée de trois catégories de sucres : les sucres lents, les sucres mi-lents, mi-rapides et les sucres rapides. Les sucres lents sont digérés lentement par l'organisme, contrairement aux sucres rapides qui sont digérés très rapidement. Les sucres lents calment donc durablement la faim, tandis que les sucres rapides ont tendance à stimuler d'autant plus l'appétit. De plus, une consommation importante de sucres rapides peut augmenter, à la longue, le taux de diabète sanguin, mais également le taux d'insuline. Or, des études auraient démontré qu'un taux d'insuline trop élevé augmenterait le taux de cholestérol et de triglycérides dans le sang, générant des cardiopathies, des diabètes et probablement des cancers du sein.

Plus l'organisme vieillit, plus il a du mal à métaboliser l'insuline indispensable pour faciliter l'utilisation du sucre par les tissus. En réaction, le pancréas sécrète davantage d'insuline.

Le chrome, présent dans les céréales complètes, les fruits de mer et le poivre, permet de contribuer à enrayer en partie ce phénomène et à équilibrer la glycémie. Pour aider l'organisme à réguler son taux d'insuline, il convient de privilégier les sucres lents par rapport aux sucres rapides.

L'index glycémique reflète la vitesse de digestion des glucides : les sucres lents présentent un index glycémique bas, et les sucres rapides, un index glycémique élevé.

Les carottes, le miel, le pain ont un index glycémique élevé ; ils sont digérés rapidement et doivent donc être consommés avec modération ou accompagnés d'autres aliments, riches en sucres lents ou en protéines.

Le sucre de table, les flocons d'avoine, les pommes de terre, la banane, le riz, les petits pois, les pâtes, les oranges ont un index glycémique moyen. Ils peuvent donc être consommés raisonnablement, seuls ou avec d'autres aliments en quantité plus importante.

Les légumineuses, les haricots secs, les yaourts au lait ou au soja, les fruits tels que les poires, les pommes, les cerises, le raisin ou le pamplemousse ont un index glycémique bas : ils peuvent être consommés abondamment, sans toutefois créer d'abus…

Les céréales complètes et les légumineuses complètes ont l'avantage d'avoir un index glycémique moyen ou bas, et d'être riches en fibres alimentaires : elles rassasient donc durablement ; d'autre part, les lipides et glucides rapides absorbés parallèlement sont, en petite partie, éliminés dans les selles avant d'être assimilés. Ce qui constitue une « économie » ! Les sucres rapides ont également le défaut de favoriser la prise de poids, la carie dentaire et, nous l'avons vu, de favoriser l'apparition d'un diabète ou d'une hypercholestérolémie. C'est pourquoi il convient de les consommer avec modération. Saviez-vous d'ailleurs que les repas traditionnels japonais comportent rarement un dessert ?

CHAPITRE 2

Le régime zen dans votre assiette

Grandes directives

Savoir choisir les bons poissons

Les Japonais mangent énormément de poisson (36 kg de poisson par personne et par an, contre 9 kg de poisson dans nos contrées…). C'est certainement l'une des raisons pour lesquelles ils vivent si vieux et en bonne santé.

Turbot, sole, dorade, saumon, caviar de saumon, thon, pieuvre, maquereau, crevette, pétoncle, crabe, palourde, rouget, maquereau, homard, turbot, morue, loup de mer, langoustine… Tous les poissons et les fruits de mer sont dans la nature des Japonais, qui les mangent crus, en sushi, ou cuits, dans des plats délicieusement cuisinés.

Au Japon, manger est un art. La préparation des sushi, hors-d'œuvre remportant un succès colossal dans nos contrées depuis quelques années, demande un talent et un sens artistique hors pair.

Les sushi ont fait leur apparition à Tokyo au XIXe siècle. Si leur préparation de base est théoriquement simple, elle demande un réel savoir-faire qui s'acquiert au fur et à mesure de l'expérience. Le sushi est composé d'une boulette de riz préparé pour confectionner les sushi, d'un peu de wasabi, le cousin japonais du raifort, et d'un morceau de poisson cru. Le tout peut être entouré d'une algue ou d'une feuille de plaqueminier. Un plat de sushi comprend neuf portions, un petit bol de sauce, un peu de gingembre et un condiment à base de wasabi. En France, le wasabi est vendu en poudre ou en pâte, dans un tube. Pour des raisons évidentes, il faut s'assurer que le poisson qui entre dans la composition du sushi est de toute première fraîcheur.

Toutefois, si vous n'osez pas vous lancer tous les jours dans la confection de sushi, il existe une multitude de manières d'accompagner le poisson afin d'obtenir des plats succulents à connotation asiatique.

Les poissons en caractères gras sont à privilégier ⟶

Teneur en lipides de chaque produit de la mer en g/100 g.

Anchois frais	13
Aiglefin (églefin)	0.3
Anguille	14
Araignée de mer	3
Bar (loup)	1
Barbue	5
Brochet	1
Bulots	2
Cabillaud	0.5
Colin	2
Coquilles St-Jacques	0.2
Dorade	1
Encornet	1
Haddock	1
Hareng frais	15
Hareng fumé, hareng saur	13.5
Huîtres	2.5
Langouste, langoustine	2
Limande	2
Maquereau frais	8
Merlan	3
Merlu	1.2
Morue fraîche (cabillaud)	0.5
Moules	3
Oursins	2
Palourdes	1
Raie	4
Saint-pierre	1
Sandre	4
Sardine fraîche	6
Saumon frais	14
Saumon fumé	20
Seiche	1.5
Surimi	0.5
Tanche	0.5
Thon nature en boîte	13
Thon frais	4.2
Truite d'élevage	7
Truite sauvage	3
Turbot	2.5

Contrairement aux autres aliments, plus le poisson est gras, meilleur il est pour la santé. Vous pourrez donc vous régaler allègrement de thon, saumon, maquereau, sardine et anguille. Vous veillerez, parallèlement, à avoir la main légère sur les matières grasses. Utilisez un peu d'huile d'olive par exemple pour la cuisson, bannissez le beurre, le saindoux et la crème fraîche.

En mangeant du poisson (et des fruits de mer), vous consommerez un maximum d'acide alpha-linolénique oméga-3, cet acide gras qui fait baisser le taux de mauvais cholestérol sans modifier le bon, qui protège contre les maladies cardio-vasculaires et qui s'oppose au vieillissement prématuré.

Toutefois, comme tous les poissons contiennent, en quantité plus ou moins élevée, de l'acide alpha-linolénique oméga-3, ils sont tous à privilégier dans le cadre de notre régime zen.

Se mettre à manger du soja

Nos populations industrialisées sont peu habituées à manger du soja. Ou alors, lorsque nous en avons entendu parler, c'était pour évoquer ses « mauvais côtés »: soja transgénique et produits tout préparés en contenant.

Aujourd'hui, en France, certains produits dérivés du maïs et du soja contiennent effectivement des organismes génétiquement modifiés. On trouve facilement la liste de ces produits sur Internet, par exemple sur le site de Greenpeace régulièrement remis à jour:

http://www.greenpeace.fr/campagnes/ogm/listehumaine.htm

Les ingrédients bio portant la mention « AB » sont exempts d'O.G.M. Vous pouvez donc acheter et consommer sans crainte ces produits, vendus en grandes surfaces ou dans les magasins spécialisés.

Voici quelques astuces pour introduire le soja et ses dérivés dans votre alimentation quotidienne sans modifier radicalement votre alimentation :

• Le matin, remplacez le lait de vache que vous versez dans votre thé ou dans votre café par un peu de lait de soja;

• Remplacez les céréales du petit déjeuner par des flocons de soja toastés;

• Remplacez pain de mie et biscottes par des galettes ou du pain au soja;

• En cas de « petit creux », dans la matinée, avalez un grand verre de lait de soja calcium ou vanille, à la douce saveur sucrée;

• Mêlez des cubes de tofu nature, fumé ou aux herbes à vos salades composées;

• Dans vos plats de féculents, remplacez le plat de pâtes ou de riz blanc par des haricots de soja;

• Dans vos plats cuisinés, remplacez le lait par du lait de soja, la crème fraîche par du tofu passé au mixeur avec un peu de lait de soja;

• Pourquoi ne pas consommer, le soir en hiver, une soupe au miso pour remplacer la traditionnelle soupe de légumes?

• Les desserts tout préparés à base de lait de soja sont délicieux: ils se trouvent au rayon frais de votre supermarché;

• Introduisez dans vos poêlées de légumes un bloc de tofu coupé en cubes et sauté à l'ail.

Se régaler de céréales et de légumineuses

Les céréales complètes possèdent quatre immenses avantages:

• Elle sont riches en fibres alimentaires, « aliments » dépourvus de calories qui sont, rappelons-le, doués de qualités exceptionnelles: elles évacuent une partie des lipides et des sucres rapides avant même qu'ils soient assimilés par l'organisme; elles exercent une action positive sur le taux de diabète et de cholestérol sanguin; elles régulent le transit intestinal; elles luttent contre la constipation et la maladie hémorroïdaire ; elles empêchent la formation de calculs biliaires ; elles préviennent l'apparition de certains cancers digestifs…

• Elles sont riches en vitamines du groupe B : B1, qui permet le fonctionnement des cellules nerveuses et cardiaques ; B2, qui permet le métabolisme des glucides, lipides et protéines, et qui aide à la maturation des vitamines B6 et B9 ; B3, autorisant la fabrication et la dégradation des lipides et des glucides ; B5, autorisant la synthèse des acides gras ; B6, qui permet le métabolisme des glucides, lipides et protéines ; B8, qui favorise la synthèse du glucose et des acides gras ; B9, qui permet la biosynthèse des acides nucléiques et des protéines. Quant à la vitamine B12, vous ne la trouverez dans aucun végétal… à l'exception des algues ! Raison de plus pour en saupoudrer vos céréales et légumineuses complètes…

Si ces propos vous semblent quelque peu rébarbatifs, retenez ceci : consommer des céréales et des légumineuses complètes vous apportera une grande quantité de vitamines du groupe B d'excellente qualité, qui vous permettront de retrouver et de conserver la santé…

• Les céréales et les légumineuses complètes sont riches en glucides lents (ceux qui permettent de maintenir longtemps un état de satiété et qui évitent que l'insuline se trouve en quantité trop importante dans votre organisme). Vous pourrez donc manger à votre faim sans grossir ni avoir de fringale.

• Dernier avantage : les céréales et légumineuses complètes sont pauvres en lipides saturés… à condition que vous ne les noyiez pas sous une montagne de beurre ou de crème !

Pour varier les menus, vous n'aurez que l'embarras du choix : la nature offre un large panel de céréales et légumineuses, à panacher selon vos envies : riz, orge, millet, blé, pilpil de blé, boulghour, maïs, seigle, épeautre, avoine, haricots secs, azuki (haricots rouges japonais), lentilles, pois cassés, pois chiches, pois secs… Et n'oubliez pas que, si vous associez à chaque repas céréales et légumineuses, vous pouvez vous abstenir de manger de la viande, car elles apportent ainsi combinées les huit acides aminés dont votre corps a besoin quotidiennement, mais qu'il ne peut fabriquer.

Parvenir à limiter sa consommation de viande et de charcuterie

Dans nos pays industrialisés, où l'alimentation quotidienne est en grande partie à base de produits carnés, il est difficile de se mettre à limiter sa consommation de viande et de charcuterie, riches en graisses saturées. Difficile, oui… mais pas impossible. Les sombres affaires planant au-dessus des têtes de nos troupeaux de bovins et d'ovins ont déjà ralenti les ardeurs de certains amateurs de viande invétérés qui se sont tournés – et ils ne peuvent que s'en féliciter – vers la volaille et le poisson.

La volaille – dinde, poulet, pintade, canard – est pauvre en graisses, donc en graisses saturées. On peut se permettre d'en manger de temps en temps. Quant au bœuf et au porc bien dégraissés, il ne nuisent pas à la santé, s'ils sont consommés avec parcimonie, une à deux fois par semaine. Le mouton reste une viande grasse : mieux vaut éviter sa consommation. D'ailleurs, les Japonais n'en mangent pas… et ne s'en portent pas plus mal !

Le secret pour manger moins de viande – riche en graisses saturées nocives pour la santé - est de la remplacer par du poisson riche en acides gras polyinsaturés oméga-3 ! À poids égal, il est aussi riche en protéines et dénué de mauvaises graisses ; il contient beaucoup de vitamines et d'oligo-éléments, et s'accommode de multiples façons.

Autre moyen d'éviter de manger de la viande : la remplacer par du soja ou du tofu, véritable « viande végétale », digeste, peu calorique, et se mariant avec tous les aliments ! Remplacez par exemple dans vos quiches les dés de lardons par des dés de tofu fumé ! Et, plutôt que de vous boucher les artères avec un plat de viande en sauce cuit au beurre, savourez une succulente assiette de haricots de soja aux petits légumes sautés à l'ail ! Votre organisme vous en sera pleinement reconnaissant...

L'ennemi n° 1 reste la charcuterie. Quand on sait que 100 g de saucisson apportent 38 g de lipides saturés aux 100 g, et que 100 g de tofu n'en apportent que 8 g (mais de bonnes graisses insaturées), il ne faut pas réfléchir longtemps avant de faire le bon choix... Il suffit de penser à l'état de son organisme en général et à celui de ses artères en particulier !

Bouder les sucres rapides

Les sucres rapides sont contenus dans les bonbons, friandises, viennoiseries, gâteaux, chewing-gums, chocolats, sodas et autres douceurs perverses. Croyez-vous réellement que votre corps a besoin de toutes ces calories excédentaires qui ne font que vous vieillir prématurément et vous enrober de graisse inesthétique et dangereuse ? Certes, non. Alors, à l'instar des Japonais, faites l'impasse sur toutes ces calories inutiles qui empoisonnent votre organisme. Et remplacez vos desserts hypersucrés par un fruit mûr, riche en fructose, le sucre des fruits qui, lui, contrairement à la saccharine contenue dans toutes les friandises, est un glucide lent, ou par un dessert à base de lait de soja sucré au fructose.

Rappelez-vous : les Japonais ne mangent pas de dessert. Est-ce pour cela qu'ils sont privés de santé et de longévité ? Les chiffres nous assurent que non...

Chapitre 3

Régime zen et santé

La plupart des aliments consommés par les Japonais exercent un effet bénéfique sur la santé et sur la longévité.

La consommation de soja et de ses dérivés, par exemple, permet de prévenir l'apparition de certaines formes de maladies : cancer, maladies cardio-vasculaires, ostéoporose, diabète, hypercholestérolémie et troubles de la ménopause. Quant à la consommation de poisson, riche en oméga-3, elle aide à lutter contre l'athérosclérose. Les fruits, légumes, céréales et légumineuses contiennent de nombreuses substances indispensables pour maintenir l'organisme en parfait état de fonctionnement le plus longtemps possible.

RÉGIME ZEN ET CANCER

Certaines substances contenues dans les aliments permettraient de prévenir l'apparition de certains cancers et même de contrarier leur évolution. Or, il se trouve que les Japonais consomment naturellement et depuis toujours les aliments contenant ces substances.

CANCER DE LA PROSTATE

Soja et cancer de la prostate

La génistéine est une substance qui a la propriété de freiner le développement des cancers d'origine hormonale (sein, prostate...), en exerçant une influence spécifique sur certaines hormones.

L'action antihormonale de certaines substances actives du soja entraverait la croissance des cellules cancéreuses, leur interdisant ainsi d'atteindre un degré de croissance tellement important, que les jours du malade semblent en danger.

Car même si les Japonais, comme les autres populations, développent des tumeurs malignes de la prostate, ces tumeurs sont toujours de petites dimensions et n'atteindraient jamais le degré de croissance qui les rendraient fatales.

Ail et cancer de la prostate

L'ail détiendrait également des vertus anti-cancer, notamment en ce qui concerne le cancer de la prostate. Selon certaines études, la consommation d'ail permettrait de ralentir le développement d'un cancer de la prostate de 75 % par rapport au rythme de croissance précédemment prévu.

Acides gras trans et cancer de la prostate

Les Japonais ne consomment pas beaucoup d'acides gras saturés et d'acides gras trans. Or, ces acides gras trans, obtenus à partir d'acides gras polyinsaturés, hydrogénés par différents procédés de transformation, seraient capables de créer un terrain favorable à l'apparition et au développement de certains cancers, notamment de la prostate.

Viande rouge et cancer de la prostate

De nombreux chercheurs ont mis en évidence le fait que la consommation de viande rouge favoriserait l'apparition de cancers de la prostate. De même pour la consommation de graisses saturées.

CANCER DU POUMON

Soja et cancer du poumon

Appartenant au groupe des isoflavonoïdes, la génistéine, substance présente dans le soja, permettrait de lutter contre l'apparition et le développement de nombreuses catégories de cancers, en inhibant l'action d'une substance stimulant l'évolution des cancers d'une part, et en empêchant la formation de vaisseaux sanguins nécessaires au développement de la tumeur cancéreuse d'autre part.

Cholestérol alimentaire et cancer du poumon

Le cholestérol alimentaire absorbé en excès (plus de 700 mg par jour) aurait une influence certaine sur l'apparition du cancer du poumon. Or, l'alimentation des Japonais est pauvre en cholestérol. Raison de plus pour les imiter.

Antioxydants et cancer du poumon

L'absorption quotidienne de substances antioxydantes contenues dans le soja, les fruits, légumes, légumineuses, thé et céréales, aurait une influence certaine sur la prévention de certains cancers, notamment du poumon. Une étude menée par des chercheurs du National Cancer Institute en Chine aurait démontré que l'absorption quotidienne de bêta-carotène (15 mg), de vitamine E (30 mg) et de sélénium (50 microgrammes) diminuerait de 45 % le taux de mortalité lié au cancer du poumon.

La vitamine E, notamment, aurait la capacité d'activer le système immunitaire et de lutter contre l'accroissement des cellules cancéreuses.

Un déficit important en bêta-carotène, puissant antioxydant, aurait le désavantage de multiplier par quatre le risque d'apparition de cancer du poumon chez le fumeur.

Quant au sélénium, il s'avérerait très efficace pour prévenir l'apparition de ce type de cancer. Une autre substance, le suloraphane, contenue notamment dans les brocolis, permettrait de réduire les taux de cancers en stimulant l'activité d'enzymes de détoxication.

Tous les fruits et les légumes sont riches en antioxydants: c'est pourquoi il faut, à l'instar des Japonais, en manger quotidiennement.

Vitamine B9 et cancer du poumon

Une expérience menée par des chercheurs de l'université de l'Alabama consistait à tester l'effet de doses élevées d'acide folique (10 000 microgrammes) et de vitamine B12 (1 000 microgrammes) sur des cellules malignes situées dans des tissus pulmonaires. En l'espace de quatre mois, un grand nombre de cellules précancéreuses avaient disparu, même chez les personnes ayant continué le tabac.

Il faut savoir que la vitamine B9 (acide folique) est présent en grande quantité dans les légumes verts et les céréales complètes, alors que les algues, dont sont très friands les Japonais, regorgent de vitamine B12.

CANCER DE L'ESTOMAC

Antioxydants et cancer de l'estomac

La consommation quotidienne d'antioxydants permettrait de prévenir l'apparition de cancers de l'estomac. L'étude menée par les chercheurs du National Cancer Institute en Chine, dont nous avons parlé plus haut, a démontré que la consommation quotidienne de 15 mg de bêta-carotène, de 30 mg de vitamine E et de 50 microgrammes de sélénium diminuerait de 21 % le taux de cancers de l'estomac.

Ail et cancer de l'estomac

Des études menées en Italie et en Chine ont prouvé que la survenue de cancers de l'estomac serait deux fois moins fréquente chez les grands consommateurs d'ail que chez ceux qui n'en mangent jamais. L'ail aurait également la vertu d'inhiber le développement de cellules cancéreuses.

D'autre part, la consommation quotidienne d'une gousse et demie d'ail permettrait de bloquer la formation de nitrosamines, susceptibles, selon certains, de favoriser l'apparition de cancers de l'estomac.

Chou et cancer de l'estomac

Le fait de consommer une fois par semaine du chou, extrêmement riche en antioxydants, permettrait de réduire considérablement le risque de développer un cancer de l'estomac. Tous les légumes de la famille des crucifères (brocoli, chou-fleur, chou rouge, chou de Bruxelles, chou chinois…) recèlent par ailleurs de fameuses vertus anticancer.

Cancer du sein

Soja et cancer du sein

La génistéine contenue dans le soja a la propriété de freiner le développement des cancers d'origine hormonale comme le cancer du sein, en exerçant une influence spécifique sur certaines hormones.

En effet, le soja contient des substances spécifiques, appelées isoflavonoïdes, qui constituent des phyto-œstrogènes (littéralement œstrogènes végétales) exerçant une action anti-œstrogénique naturelle. Les deux substances qui ont fait parler d'elles sont la génistéine et la daidzéine.

Génistéine et daidzéine : les deux principes actifs du soja dans la lutte contre le cancer du sein

Ces deux flavonoïdes particuliers constituent des phyto-œstrogènes (œstrogènes végétaux, contenus dans certaines plantes), antagonistes des œstrogènes fabriqués par l'organisme féminin. Il faut savoir que le cancer du sein est un cancer hormono-dépendant aux œstrogènes, c'est-à-dire que son développement peut être influencé par un excès d'œstrogènes sécrété par l'organisme de la femme. Or, les phyto-œstrogènes ont un effet similaire à celui des œstrogènes fabriqués par le corps, à l'exception de leur action cancérigène. En se substituant aux œstrogènes du corps, les phyto-œstrogènes permettraient donc de lutter contre l'apparition du cancer du sein.

La génistéine et la daidzéine restant dans le sang pendant vingt-quatre à trente-six heures après leur absorption, il est conseillé d'en consommer tous les jours pour garder le taux sanguin de ces principes actifs constamment en proportion intéressante.

Certaines études réalisées sur des animaux ont mis en évidence le fait que la consommation de soja exercerait une action protectrice à l'égard de l'apparition de certains cancers. D'autres études menées cette fois sur l'homme auraient démontré que la consommation de soja a une influence inhibitrice à l'égard de l'apparition de tumeurs cancéreuses. Il faut savoir que les Japonaises, grandes consommatrices de soja, sont très peu victimes du cancer du sein. Prenons un exemple: une expérience menée à Singapour sur un panel de femmes, démontra que celles qui consommaient régulièrement du soja étaient deux fois moins exposées au risque de développer un cancer du sein que celles qui en consommaient de manière occasionnelle.

De même, les cancers du sein apparus chez les femmes ménopausées se développent nettement moins vite chez les femmes japonaises que chez les occidentales.

Le soja contient en effet des substances anticancéreuses susceptibles d'agir directement sur les cellules; d'autre part, les flavonoïdes qu'il contient inhibent la faculté que possèdent les œstrogènes naturels de l'organisme féminin à activer le développement des tumeurs mammaires cancéreuses.

Bêta-carotène et cancer du sein

Le bêta-carotène serait très utile pour se prémunir contre le cancer du sein. Selon des études effectuées par des chercheurs australiens, le taux de survie au cancer du sein serait douze fois plus élevé chez les femmes ayant consommé beaucoup de bêta-carotène au cours des six dernières années que chez celles en ayant consommé peu. Il aurait également la faculté de prévenir les cancers de la bouche, de la gorge, de l'œsophage, du larynx, de l'estomac et de la vessie.

Les carottes, la patate douce, tous les légumes de la famille des crucifères (chou, brocoli...), légumes verts à feuilles et la plupart des fruits et des légumes, notamment à chair orange, sont très riches en bêta-carotène.

Végétarisme et cancer du sein

Le végétarisme serait, chez les femmes, une excellente manière de se prémunir contre le cancer du sein. En effet, les consommatrices de viande ont un taux sanguin en œstrogènes supérieur à celui des femmes végétariennes. On sait aujourd'hui qu'un taux trop élevé en œstrogènes serait susceptible de favoriser l'apparition du cancer du sein.

Poisson et cancer du sein

Une étude menée à travers vingt pays a mis en évidence le fait que la consommation régulière de poisson protégerait contre l'apparition du cancer du sein. Or, au Japon, on consomme cinq fois plus de poisson, riche en acides gras polyinsaturés oméga-3, qu'aux Etats-Unis. Les grandes consommatrices de viande développeraient davantage de cancers du sein que les consommatrices régulières de poisson.

Vitamine D et cancer du sein

La vitamine D a pour fonction, entre autres, de permettre l'assimilation du calcium. Une carence en vitamine D pourrait entraîner, notamment chez les personnes âgées, davantage de fractures. Cette carence serait également responsable de l'apparition de cancers du sein chez les femmes.

Il faut savoir que le poisson, les huiles de poisson, les volailles, que consomment beaucoup les Japonais, constituent une source exceptionnelle de vitamine D.

RÉGIME ZEN ET PRÉVENTION DES MALADIES CARDIO-VASCULAIRES

Soja et prévention des maladies cardio-vasculaires

Manger du soja est un facteur important dans la prévention des maladies cardio-vasculaires.

L'hypercholestérolémie, qu'elle soit génétique ou due à une alimentation trop riche en cholestérol, est un facteur d'apparition de maladies cardio-vasculaires. En effet, le cholestérol a la fâcheuse manie de se déposer dans la paroi des artères.

Les personnes sujettes à une hypercholestérolémie doivent limiter leur consommation de graisses saturées et de cholestérol (présents dans la viande, la charcuterie, les laitages gras, le jaune d'œuf...).

La consommation de soja et de ses dérivés, dans la lutte contre l'hypercholestérolémie, est particulièrement intéressante, et ce pour plusieurs raisons: les phytostérols et les fibres alimentaires contenus dans le soja entravent partiellement l'absorption du cholestérol alimentaire, en partie évacué dans les selles sans même être digéré. D'autre part, le soja contient des acides gras insaturés, ayant la capacité de faire baisser le taux de cholestérol sanguin, notamment le taux de mauvais cholestérol, et peu d'acides gras saturés (responsables de l'augmentation du taux de mauvais cholestérol). Le rapport cholestérol HDL/LDL se voit ainsi amélioré. Cette diminution de cholestérol est surtout notable chez les personnes sujettes à une hypercholestérolémie génétique importante. Selon de nombreuses études récentes, il a été prouvé que les protéines de soja font baisser le taux de cholestérol. Consommer des protéines de soja fait baisser le taux de mauvais cholestérol LDL de 13 % et celui de triglycérides de 10,5 %. Plus l'hypercholestérolémie est sévère, plus le résultat est intéressant. Ainsi, une personne atteinte d'une hypercholestérolémie essentielle sévère (plus de 3,5 g de cholestérol par litre de sang) peut voir son taux de cholestérol baisser de 25 % en consommant 25 g de protéines de soja par jour, soit l'équivalent de trois petits verres de lait de soja, ou 200 g de tofu. D'autre part, les protéines de soja ont aussi la capacité de faire baisser le taux de triglycérides sanguin.

Les acides gras contenus dans le soja exercent une action sur l'agrégation plaquettaire, faisant ainsi baisser le risque de thrombogenèse. D'autre part, remplacer viandes et charcuteries par des produits à base de soja, riche en protéines d'excellente qualité, permet de réduire sa consommation de graisses saturées, ennemies du cœur et des artères.

Poisson et lutte contre les maladies cardio-vasculaires

Quitte à nous répéter, le poisson est riche en acides gras polyinsaturés oméga-3. Or, la consommation d'acides gras polyinsaturés oméga-3 abaisse la tension artérielle, notamment, et c'est ce qui est intéressant, chez les personnes ayant une tension artérielle élevée.

Quand on sait que l'hypertension artérielle favorise l'apparition de l'athérosclérose, des maladies cardio-vasculaires et des accidents vasculaires cérébraux, il paraît évident d'augmenter sa consommation de poisson.

L'athérosclérose est une maladie dans laquelle les artères sont obstruées par des plaques d'athérome, constituées principalement de cholestérol. Elle siège surtout sur les vaisseaux coronariens et sur l'aorte.

De nombreuses études ont mis en évidence le fait que la consommation de poisson (au moins 230 g par semaine, soit deux petites portions), permettait d'éviter la formation de plaques d'athérome.

Huiles végétales et prévention des maladies cardio-vasculaires

Les huiles végétales, et notamment l'huile d'olive et de colza, sont riches en acides gras monoinsaturés oméga-9 : ces acides gras ont l'avantage de diminuer le taux de mauvais cholestérol (qui se dépose dans la paroi des artères) sans modifier le bon (celui qui « rapatrie » le mauvais cholestérol dans le foie, où il est dégradé).

Consommer de l'huile d'olive et de colza permet donc de lutter contre les maladies cardio-vasculaires : le cholestérol en excès ne se dépose plus dans les artères, le risque de développer ce type de maladies est diminué.

D'autre part, ces huiles, comme la plupart des huiles végétales, sont riches en vitamine E, qui constitue un antioxydant puissant.

Régime zen et lutte contre le vieillissement

Les Japonais vivent vieux, vous le savez maintenant. Voici quelques-uns des secrets de leur longévité.

Acides gras polyinsaturés oméga-6 et vieillissement prématuré

L'alimentation des Japonais est pauvre en acides gras polyinsaturés oméga-6. Or, cette substance a le gros désavantage de favoriser l'apparition de quatre facteurs de vieillissement prématuré : cancer, maladies auto-immunes, athérosclérose et affaiblissement des défenses immunitaires.

Antioxydants et vieillissement prématuré

Les antioxydants contenus dans le poisson, les légumes, les fruits, les céréales et légumineuses, constituent de puissants agents anti-vieillissement. Or, les Japonais consomment beaucoup de produits végétaux, et peu de produits d'origine animale, hormis le poisson qui, vous le savez, constitue un trésor de bienfaits.

Les Japonais sont également de petits consommateurs de viande en général et de matières grasses d'origine animale en particulier. Or, il faut savoir que les matières grasses animales sont extrêmement riches en graisses saturées, susceptibles de provoquer des maladies cardio-vasculaires, et génératrices de radicaux libres.

Apport calorique raisonnable et vieillissement prématuré

La ration calorique moyenne d'un Japonais est nettement moins élevée que celle d'un Occidental moyen. Les calories qu'il absorbe sont surtout issues des glucides lents, des fruits, des légumes et du poisson. Chez nous, en Occident, nous absorbons sans y penser beaucoup de calories issues des sucres rapides et des graisses saturées. Non seulement ces nutriments sont nocifs pour la santé et susceptibles de favoriser l'apparition de maladies, mais en plus notre ration calorique est trop élevée. Et il est aujourd'hui reconnu qu'un apport calorique quotidien trop important contribuerait à accélérer le vieillissement prématuré, ainsi que l'obésité, facteur favorisant le vieillissement de l'organisme tout entier.

Soja et lutte contre le vieillissement

De nombreuses études ont mis en évidence le fait que le soja contient des substances capables d'enrayer le processus du vieillissement et de l'oxydation cellulaire. Citons l'étude du Docteur Harman, de l'Université du Nebraska, qui a comparé les effets d'une alimentation essentiellement à base de protéines de soja à ceux d'une alimentation à base de caséine de lait sur deux groupes d'animaux de laboratoire. L'espérance de vie des animaux du premier groupe était supérieure (jusqu'à 13 %) à celle des animaux du second groupe. D'autre part, les acides aminés contenus dans le soja sont nettement moins sujets à l'oxydation que les acides aminés issus d'autres catégories d'aliments.

Les substances contenues dans le soja, très efficaces au niveau biochimique, exercent non seulement une action préventive dans l'apparition du cancer, mais également dans la lutte contre l'oxydation des cellules.

Soja et ménopause

Le fait de consommer du soja et ses dérivés permet de lutter contre l'apparition des symptômes désagréables de la ménopause : bouffées de chaleur, déprime, suées nocturnes, insomnies, migraines, fatigue... De nombreux médicaments sont apparus récemment sur le marché pour "traiter sa ménopause au naturel" ; ils sont élaborés à partir de plantes contenant des œstrogènes naturels (ou phyto-œstrogènes), tels que le soja. Dans certains cas, ils peuvent remplacer le traitement hormonal de substitution.

De récentes études cliniques démontrent que les phyto-œstrogènes contenus dans le soja amoindrissent les symptômes gênants de la ménopause, notamment les bouffées de chaleur.

Une étude italienne menée en 1999 vient de déboucher sur les mêmes conclusions (cf. page 41).

Comme vous le savez désormais, le soja est bourré de phyto-œstrogènes aux propriétés à la fois anti-œstrogéniques et anticancer. De nombreuses études ont, par ailleurs, démontré que 25 % des Japonaises ressentent des bouffées de chaleur à la ménopause, contre 85 % des Américaines du Nord. D'autre part, il faut savoir que les Japonaises, qui consomment environ 200 mg de phyto-œstrogènes par jour, souffrent peu d'ostéoporose ; elles développent également, nous l'avons vu, moins de cancers du sein que les Occidentales.

Recettes traditionnelles japonaises

Perfection des saveurs, ivresse des sens... La cuisine japonaise, empreinte de magie, allie plaisir du goût au ravissement d'une présentation sophistiquée. Les mets sont préparés devant les invités, puis disposés dans des plats en totale harmonie avec le lieu et la table. Nul besoin de disposer une nappe : le plateau, dépouillé, se suffit à lui-même. Chaque convive compose son menu à sa guise : il veille à harmoniser les saveurs, les couleurs et à l'ambiance particulière qui se dégage de ces dégustations particulièrement raffinées.

Entrées

Soupe miso

Ingrédients pour 4 personnes

- *1 litre d'eau*
- *250 g de tofu nature*
- *8 cuillerées à soupe de miso en poudre, préparation à base de soja*
- *1 cuillerée à café de dashi en poudre (en vente dans les magasins spécialisés)*
- *1 échalote, 1 oignon ou un petit blanc de poireau*
- *Facultatif: 30 g de wakame*

Préparation

Hors du feu, diluez le dashi dans l'eau dans une casserole.
Faites frémir, incorporez le miso, baissez la flamme et laissez cuire cinq minutes.
Découpez le tofu en cubes, incorporez-le à la préparation, faites cuire dix minutes à feu doux.
Faites revenir l'oignon, l'échalote ou le blanc de poireau dans un peu d'huile, ajoutez le wakame préalablement réhydraté (facultatif), avec son eau de trempage. Incorporez-le à la préparation.
Versez la soupe dans des bols individuels, et servez bien chaud.

Soupe claire aux moules

Ingrédients pour 4 personnes

- *1 litre d'eau*
- *16 moules fraîches ou en bocal*
- *2 cuillerées à soupe de fumet de poisson*
- *1 oignon*
- *5 cm de racine de gingembre frais*
- *1 cuillerée à soupe de sauce de soja*
- *1 feuille de wasabi ou toute autre algue séchée*
- *1 zeste de citron non traité*
- *Sel et poivre*

Préparation

Lavez soigneusement les moules, faites-les cuire à couvert dans un faitout. Elles s'ouvrent quand elles sont cuites. Si vous utilisez des moules en bocal, déjà cuites, rincez-les abondamment à l'eau froide.

Pelez l'oignon, hachez-le grossièrement.

Pelez la racine de gingembre et coupez-la en bâtonnets.

Dans une casserole, versez le jus de cuisson des moules préalablement filtré. Ajoutez un litre d'eau.

Faites frémir, ajoutez le fumet de poisson, l'oignon haché et le gingembre. Couvrez et laissez cuire dix à quinze minutes.

Ajoutez la sauce de soja, la feuille d'algue émiettée, salez, poivrez et laissez cuire encore 5 minutes.

Préparez le zeste de citron.

Au fond de chacun des quatre bols, déposez le zeste de citron, quatre moules épluchées, et versez le bouillon bien chaud.

Servez aussitôt.

Soupe aux perles du Japon

Ingrédients pour 4 personnes

- *1 litre d'eau*
- *3 échalotes*
- *2 gousses d'ail*
- *2 petites pommes de terre*
- *1 petite boîte de concentré de tomates*
- *75 g de tofu*
- *3 cuillerées à soupe de perles du Japon (ou à défaut du gros vermicelle)*
- *Sel*
- *Poivre*
- *Persil haché*

Préparation

Pelez les échalotes, hachez-les grossièrement. Pelez et écrasez l'ail.
Epluchez les pommes de terre, coupez-les en dés.
Dans un faitout, faites revenir les échalotes, l'ail et les pommes de terre dans un peu d'huile. Quand ils sont légèrement dorés, ajoutez l'eau, salez, poivrez et portez à ébullition. Baissez le feu et laissez cuire vingt minutes.
Ajoutez alors les perles du Japon.
Faites cuire encore vingt minutes à feu doux en remuant de temps en temps.
Ajoutez le concentré de tomates dilué dans un peu d'eau et le tofu rincé et découpé en dés.
Saupoudrez de persil haché et servez.

Soupe aux algues

Ingrédients pour 4 personnes

- *1 l de bouillon de poisson*
- *Huile de sésame*
- *1 cuillerée à soupe de farine complète*
- *1 échalote*
- *Une vingtaine de crevettes cuites décortiquées*
- *1 feuille d'algues déshydratées au choix (wasabi, nori, kombu, iziki, hijiki...)*
- *1 pincée de poivre*

Préparation

Dans une casserole, faites revenir une cuillerée à soupe de farine complète dans un filet d'huile de sésame. Ajoutez l'échalote, les crevettes décortiquées, mouillez avec un peu de bouillon, poivrez, remuez, laissez cuire cinq à dix minutes. Versez le bouillon de poisson, les algues en paillettes, remuez, laissez cuire dix minutes à feu moyen et servez.

Salade de concombre au poulet et aux haricots de soja

Ingrédients pour 4 personnes

- *2 concombres japonais de préférence*
- *200 g de blancs de poulet ou de dinde*
- *1 belle carotte*
- *100 g de haricots de soja cuits*
- *1 citron non traité*

Pour la sauce

- *2 cuillerées à soupe de sauce de soja*
- *2 cuillerées à soupe d'huile de sésame, de noix, de colza ou d'olive*
- *1 cuillerée à soupe de vinaigre*
- *1 gousse d'ail*

Préparation

Lavez et pelez les concombres et la carotte ; découpez-les en fins bâtonnets de 3 cm de long environ. Arrosez-les de jus de citron.
Faites cuire le poulet ; détaillez-le en cubes.
Faites cuire les haricots de soja en suivant les instructions figurant sur l'emballage. Rincez-les soigneusement et égouttez bien.

Préparez la sauce

Versez dans un bol la sauce de soja, l'huile, le vinaigre et l'ail pelé et écrasé. Mélangez intimement. Réservez au frais pendant trente minutes.
Dans un saladier, mélangez les bâtonnets de carotte et de concombre, les dés de poulet et les haricots de soja.
Versez la sauce sur la préparation, mélangez intimement et servez.

Salade de chou chinois

Ingrédients pour 4 personnes

- *1 chou chinois*
- *100 g de germes de soja*
- *2 carottes*
- *1 petit oignon*
- *1 cuillerée à café d'huile d'arachide*

Pour la sauce

- *1 cuillerée à café de sucre roux*
- *1 cuillerée à soupe d'huile de sésame*
- *2 cuillerées à soupe de vinaigre*
- *1 cuillerée à soupe de sauce de soja*
- *Sel, poivre*

Préparation

Lavez le chou chinois, détaillez ses feuilles en lanières. Faites-les blanchir une minute dans une grande quantité d'eau bouillante salée. Rincez et égouttez soigneusement. (Si besoin est, essuyez-les dans un torchon propre.)
Rincez les germes de soja, égouttez-les.
Pelez les carottes, détaillez-les en très fins bâtonnets de 3 cm de long environ.
Pelez l'oignon, hachez-le finement.
Faites revenir les germes de soja, les bâtonnets de carottes et l'oignon dans une poêle, à l'huile d'arachide.

Préparez la sauce

Dans un bol, mélangez intimement le sucre roux, l'huile de sésame, le vinaigre et la sauce de soja. Salez, poivrez.
Dans un saladier, mélangez les lanières de chou chinois avec les germes de soja, les bâtonnets de carottes et l'oignon. Versez la sauce, mélangez bien le tout. Laissez mariner deux heures au frais.
Servez.

Racines de lotus au saké

Ingrédients pour 4 personnes

- *2 renkon (racines de lotus, en vente fraîches ou surgelées dans des épiceries chinoises) ou, à défaut, 2 salsifis frais*
- *1 cuillerée à café d'huile de sésame ou, à défaut, d'arachide*
- *1/2 cuillerée à café de dashi, dissoute dans 1/2 verre d'eau*
- *5 cl de saké*
- *1 cuillerée à café de sucre roux*
- *1 cuillerée à soupe de sauce de soja*
- *1/2 cuillerée à café de piment en poudre*
- *1 pincée de sel*

Préparation

Préparez les racines de lotus (ou à défaut les salsifis) : lavez-les, pelez-les et coupez-les en tranches fines.
Dans une poêle, faites revenir les racines de lotus ou les salsifis des deux côtés dans l'huile de sésame ou, à défaut, d'arachide.
Ajoutez le piment en poudre.
Dans un bol, diluez la poudre de dashi dans un peu d'eau. Ajoutez le saké. Versez cette préparation sur les rondelles de racines de lotus.
Laissez réduire de moitié, ajoutez le sucre et la sauce de soja.
Disposez sur de petites assiettes (cinq à six tranches par personne) et servez chaud.

Pain de poisson aux algues

Ingrédients pour 4 personnes

- *600 g de poisson au choix (saumon, thon, cabillaud, merlan...)*
- *1 feuille d'algues au choix*
- *2 œufs*
- *150 g de tofu nature*
- *1 oignon*
- *Le jus d'un citron*
- *Sel, poivre*

Préparation

Faites cuire le poisson à la vapeur ou au court-bouillon. Débarrassez-le de la peau et des arêtes, passez au mixeur.
Ajoutez les algues réhydratées et le jus de citron à la préparation, mélangez bien sans mixer.
Pelez l'oignon, hachez-le grossièrement. Faites-le revenir dans une poêle, dans un peu d'huile d'arachide. Ajoutez-le à la préparation.
Incorporez les œufs battus et le tofu passé au mixeur dans le but d'obtenir une pâte homogène.
Versez dans un moule anti-adhésif, recouvrez d'une feuille d'aluminium et faites cuire pendant une heure à four chaud (200° C).
Laissez refroidir avant de placer au réfrigérateur une heure environ.
Servez froid, en tranches, sur un lit de verdure.

Tempura (beignets)

Ingrédients pour 4 personnes

Pour la friture

- *Huile végétale pauvre en oméga-6, pouvant supporter la friture, type huile d'arachide*
- *2 jaunes d'œufs*
- *140 g de farine*
- *1 bol d'eau glacée*

Ingrédients pour garnir les beignets

- *Légumes taillés en gros bâtonnets (courgette, aubergine, poivron, champignon, patate douce… éviter la tomate, trop juteuse)*
- *Poissons et poulet en bâtonnets*
- *Crevettes avec la queue*
- *Algues, feuilles d'épinards roulées*

Ingrédients pour la sauce

- *3 cuillerées à soupe de sauce de soja*
- *1 cuillerée à soupe de saké*
- *1 cuillerée à café de gingembre râpé*
- *1 pincée de raifort (facultatif)*

Préparation

Préchauffez l'huile (elle doit atteindre une température de 180 °C).

Mélangez les jaunes d'œufs avec l'eau glacée. Versez cette préparation sur la farine, dans une jatte. Remuez avec des baguettes, piquez bien la pâte avec les baguettes (les grumeaux n'ont pas d'importance). Faites reposer la pâte au réfrigérateur. Avant utilisation, ajoutez quelques glaçons.

Passez tous vos ingrédients pour garnir les beignets dans la farine, puis dans cette préparation.

Faites-les frire quelques minutes (la pâte doit être dorée et croustillante), puis égouttez sur du papier absorbant.

Mélangez entre eux tous les ingrédients de la sauce.

Servez les tempuras accompagnés d'un petit bol individuel contenant la sauce.

Plats principaux sans viande

Nouilles sautées aux champignons

Ingrédients pour 4 personnes

- *300 g de nouilles japonaises (udon)*
- *8 champignons au choix (shiitake, champignons noirs, matsutake, nameto…)*
- *100 g de pousses de bambou en boîte*
- *1 carotte*
- *1 poivron vert*
- *3 gousses d'ail*
- *1 cuillerée à café de racine de gingembre hachée*
- *2 cuillerées à soupe de sauce de soja*
- *1 pincée de piment en poudre*
- *1 cuillerée à café de sucre roux en poudre*
- *1 cuillerée à café de vinaigre*
- *1 cuillerée à café d'huile d'arachide*
- *1 pincée de sel*

Préparation

Réhydratez les champignons en suivant les indications figurant sur l'emballage.
Rincez et égouttez les pousses de bambou.
Pelez la carotte, détaillez-la en bâtonnets.
Lavez le poivron, épépinez-le, détaillez-le en petits cubes.
Pelez l'ail, écrasez-le.
Dans un bol, mélangez la sauce de soja, le vinaigre et le sucre.
Ajoutez deux cuillerées à soupe d'eau, la pincée de sel.
Dans une grande quantité d'eau salée, faites cuire les nouilles en vous référant aux instructions figurant sur le paquet.
Rincez-les à l'eau froide et égouttez-les.
Rincez les champignons, égouttez-les et détaillez-les en lamelles.
Dans une poêle, faites revenir les champignons, les bâtonnets

de carotte, le poivron, l'ail haché, le gingembre et le piment en poudre.
Ajoutez les pousses de bambou, remuez, laissez cuire trois minutes et incorporez les nouilles. Faites cuire encore trois minutes en remuant constamment.
Servez aussitôt en plat unique.

Chou chinois à la tomate

Ingrédients pour 4 personnes

- *1 chou chinois*
- *2 belles tomates*
- *1 cuillerée à soupe de racine de gingembre hachée*
- *2 gousses d'ail*
- *1 cuillerée à soupe de sauce de soja*
- *Sel, poivre*
- *Huile d'olive (ou d'arachide)*

Préparation

Epluchez le chou chinois, détaillez ses feuilles en lanières.
Faites-les revenir dans un faitout, à l'huile d'olive ou d'arachide. Remuez, couvrez et laissez cuire cinq minutes.
Ajoutez l'ail écrasé et le gingembre. Versez la sauce de soja, remuez, puis incorporez les tomates concassées. Remuez encore et cuisez cinq minutes à feu vif.

Nouilles japonaises au concombre

Ingrédients pour 4 personnes

- *400 g de nouilles japonaises (udon)*
- *250 ml env. de soupe préparée avec une base de soupe spéciale pour déguster des udon (en vente dans les magasins spécialisés)*
- *1 concombre*
- *1 blanc de poireau*
- *2 jaunes d'œufs hachés*
- *1 cuillerée à café de sésame*
- *1 cuillerée à café de wasabi*

Préparation

Lavez les légumes. Détaillez-les en très fins bâtonnets.
Reconstituez la base de soupe pour udon selon les instructions figurant sur l'emballage et réservez-la au frais.
Faites cuire les œufs, émiettez les jaunes.
Faites cuire les udon en suivant les instructions indiquées sur le paquet, égouttez-les bien et disposez-les sur quatre assiettes.
Mélangez ensemble le sésame et le wasabi.
Disposez cette préparation dans quatre petits bols. Versez-y la soupe froide. Saupoudrez des légumes finement émincés et du jaune d'œuf émietté.
Disposez les assiettes de pâte sur la table, devant chaque convive, et le bol de soupe à côté. Chaque convive trempe ses pâtes dans sa soupe au fur et à mesure de la dégustation.

Azuki au gingembre

Ingrédients pour 4 personnes

- *250 g d'azuki*
- *1 oignon*
- *2 gousses d'ail*
- *1 carotte*
- *4 cuillerées à soupe de miso en poudre*
- *2 cuillerées à soupe de sauce de soja*
- *1 cuillerée à soupe d'huile d'arachide ou d'olive*
- *1 cuillerée à café de racine de gingembre râpée*
- *1 cuillerée à café de piment en poudre*

Préparation

Faites cuire les azuki dans une grande quantité d'eau salée.
Pelez l'oignon, émincez-le. Pelez et hachez l'ail. Epluchez la carotte, détaillez-la en très petits bâtonnets.
Dans une poêle, faites revenir à l'huile l'oignon, l'ail et la carotte.
Hors du feu, ajoutez le miso, la sauce de soja, la racine de gingembre et le piment en poudre. Mouillez avec un peu d'eau de cuisson des azuki.
Faites cuire environ cinq minutes en remuant.
Egouttez les haricots, rincez-les, placez-les dans une jatte.
Ajoutez la préparation à base de légumes, mélangez bien, réchauffez et servez.

Omelette aux germes de soja

Ingrédients pour 4 personnes

- *100 g de germes de soja*
- *8 oeufs*
- *1 oignon*
- *1 poivron*
- *1 gousse d'ail*
- *1 cuillerée à café d'huile d'arachide ou d'olive*
- *Sel*
- *Poivre*

Préparation

Pelez et émincez l'oignon, écrasez l'ail. Lavez et épépinez le poivron, détaillez-le en petits dés.

Dans une poêle, faites revenir l'oignon, l'ail, le poivron et les germes de soja rincés et égouttés. Salez, poivrez.

Battez les œufs en omelette, adjoignez les légumes, mélangez bien.

Faites cuire l'omelette dans une poêle anti-adhésive (vous pouvez utiliser la poêle dans laquelle ont cuit les légumes) et servez.

Panaché riz-lentilles

Ingrédients pour 4 personnes

- *125 g de riz*
- *125 g de lentilles*
- *100 g de chou-fleur*
- *100 g de petits pois frais ou surgelés*
- *1 oignon*
- *2 cuillerées à soupe de sauce de soja*
- *1 cuillerée à soupe d'huile d'olive ou d'arachide*
- *Sel*

Préparation

Lavez le chou-fleur, détaillez-le en bouquets. Faites-le revenir dans une grande casserole, à l'huile d'olive ou d'arachide. Ôtez du feu et réservez les bouquets dans une assiette. Dans cette même casserole, faites revenir l'oignon pelé et haché grossièrement.

Ajoutez le riz, les lentilles et les petits pois, remuez et faites cuire cinq minutes sans cesser de remuer.

Versez un litre d'eau salée, mélangez et laissez cuire à couvert. Dès le début de l'ébullition, ajoutez le chou-fleur. Laissez cuire jusqu'à ce que tous les ingrédients soient bien tendres.

Riz aux oignons

Ingrédients pour 4 personnes

- *250 g de riz*
- *8 champignons au choix (shiitake, champignons noirs, matsutake, nameto…)*
- *2 blancs de poireaux*
- *2 échalotes*
- *2 gousses d'ail*
- *100 g de haricots verts frais ou surgelés*
- *1 verre de mirin (vin de riz sucré) ou, à défaut, deux cuillerées à soupe de sauce de soja*
- *1 pincée de piment en poudre*
- *1 cuillerée à café d'huile d'olive ou d'arachide*
- *Sel, poivre*

Préparation

Faites cuire le riz. Rincez-le, égouttez-le et réservez-le.
Réhydratez les champignons. Coupez les haricots en petits tronçons. Lavez et émincez finement les blancs de poireaux. Pelez et hachez finement les échalotes. Pelez et écrasez l'ail. Egouttez soigneusement les champignons, détaillez-les en lamelles.
Dans une poêle, faites dorer l'ail quelques secondes, puis ajoutez les champignons, les haricots verts, les blancs de poireaux, les échalotes hachées, le piment en poudre. Mouillez avec le mirin. Faites cuire cinq minutes en remuant constamment.
Ajoutez le riz, l'eau de trempage des champignons, salez et poivrez. Remuez jusqu'à ce que toute l'eau se soit évaporée. Servez.

Riz aux châtaignes

Ingrédients pour 4 personnes

- *250 g de riz*
- *12 châtaignes*
- *2 cuillerées à soupe de Saké ou de mirin*
- *1 cuillerée à soupe de graines de sésame grillées*
- *Sel, poivre*

Préparation

Pelez les châtaignes, lavez-les, laissez-les tremper pendant une heure dans un bol d'eau.

Laver le riz plusieurs fois, égouttez-le, laissez-le reposer une heure.

Versez tous les ingrédients dans une casserole. Recouvrez d'eau et couvrez. Portez à ébullition, laissez cuire cinq minutes, faites cuire 10 minutes à feu moyen et cinq minutes à petit feu. Eteignez et laissez gonfler 10 minutes encore.

Légumes au tofu

Ingrédients pour 4 personnes

- *4 champignons japonais au choix*
- *50 g de pousses de bambou*
- *2 blancs de poireaux*
- *1 oignon*
- *1 gousse d'ail*
- *1 carotte*
- *50 g de haricots verts*
- *40 cl de bouillon de légumes*
- *1 cuillerée à soupe de sauce de soja*
- *2 cuillerées à café de sucre roux*
- *100 g de tofu nature*
- *4 cuillerées à soupe de graines de sésame grillées et pilées*
- *Sel, poivre*

Préparation

Réhydratez les champignons dans l'eau chaude pendant vingt minutes, égouttez-les. Détaillez-les en lamelles. Pelez la carotte, détaillez-la en bâtonnets de la taille d'une allumette. Coupez les haricots verts en tronçons. Hachez menu les blancs de poireaux, écrasez l'ail, pelez et hachez l'oignon. Rincez les pousses de bambou et égouttez-les.

Mélangez la sauce de soja au bouillon. Portez le tout à ébullition, ajoutez une cuillerée à café de sucre roux. Ajoutez les champignons, les pousses de bambou, les blancs de poireaux, l'oignon, l'ail, la carotte et les haricots verts. Laissez mijoter à feu doux pendant 10 minutes, puis laissez refroidir.

Rincez soigneusement le tofu, ébouillantez-le quelques instants, puis égouttez-le et mixez-le pour obtenir une pâte fluide (si besoin est, ajoutez un peu de lait de soja). Incorporez le sésame, le restant du sucre et le sel. Versez cette préparation sur les légumes cuits, mélangez bien et servez chaud.

Viandes

Bœuf teriyaki

Ingrédients pour 4 personnes

- *4 steaks de bœuf bien tendres*
- *1 cuillerée à soupe d'huile de sésame, d'arachide ou d'olive*
- *4 cuillerées à soupe de saké*
- *3 cuillerées à soupe de mirin*
- *2 cuillerées à soupe de sauce de soja*

Préparation

Dans une poêle, faites cuire les steaks dans l'huile, deux minutes sur chaque face. Arrosez alors de saké, couvrez et cuisez encore une minute de chaque côté.
Déposez les steaks sur une assiette. Versez dans la poêle le mirin et la sauce de soja. Quand elle frémit, déposez les steaks et laissez cuire 15 secondes par face.
Ôtez du feu, découpez en lanières de 1,5 cm de largeur environ, disposez dans un plat, versez la sauce au mirin et au soja, et servez accompagné d'un plat de riz ou de légumes.

Poulet aux champignons

Ingrédients pour 4 personnes

- *800 g de blancs de poulet*
- *12 champignons au choix*
- *400 g de nouilles japonaises udon*
- *1 cuillerée à café d'huile de sésame*
- *125 g de tofu*
- *1 l de dashi*
- *1 petit verre de mirin ou saké*
- *2 échalotes*
- *2 gousses d'ail*
- *1 bocal de pousses de bambou*
- *200 g de feuilles d'épinards*
- *3 cuillerées à café de racine de gingembre frais râpée*
- *1 citron non traité*
- *1 cuillerée à café de sucre roux*
- *1 petit verre de sauce de soja*
- *Poivre*

Préparation

Réhydratez les champignons en suivant les instructions figurant sur l'emballage.

Faites cuire les nouilles dans une grande quantité d'eau bouillante dans laquelle vous aurez dilué le dashi. Rincez à l'eau froide et égouttez.

Dans une poêle, faites revenir dans l'huile de sésame le poulet détaillé en lamelles. Ajoutez les champignons découpés en lamelles, les échalotes et l'ail hachés, les pousses de bambou rincées et égouttées, les feuilles d'épinards lavées et épongées, le tofu lavé, rincé, égoutté et détaillé en dés. Faites cuire cinq à dix minutes en remuant constamment.

Ajoutez le gingembre râpé, le jus de citron, le sucre roux, la sauce de soja et le petit verre de mirin. Poivrez, remuez, laissez cuire cinq minutes.

Ajoutez les nouilles, mélangez bien et servez.

Brochettes de poulet grillé sauce yakitori

Ingrédients pour 4 personnes

- *800 g de blancs de poulet*
- *2 blancs de poireaux*
- *1 poivron rouge*
- *1 cuillerée à café de quatre épices*

Pour la sauce yakitori

- *100 ml de sauce de soja*
- *4 cuillerées à café de mirin*
- *2 cuillerées à café de sucre roux*
- *1 verre de bouillon de légumes*
- *1 cuillerée à soupe de graines de sésame*

Préparation

Découpez le poulet en morceaux de 3 cm de côté environ. Détaillez les blancs de poireaux en tronçons. Lavez et épépinez le poivron, découpez-le en carrés.
Garnissez les brochettes en alternant un morceau de poulet, de blancs de poireaux et de poivron.
Composez la sauce yakitori en mélangeant ensemble tous les ingrédients dans une casserole, puis en portant la préparation à ébullition pendant trente secondes. Quand cette préparation est refroidie, versez-la sur les brochettes de poulet. Saupoudrez de quatre épices et faites grillez trois à cinq minutes de chaque côté.

Poulet braisé

Ingrédients pour 4 personnes

- *1 poulet*
- *1/2 litre de sauce de soja*
- *1/2 litre de bouillon de légumes*
- *1 cuillerée à café d'huile de sésame*
- *2 cuillerées à soupe de miel*
- *4 cuillerées à soupe de saké*
- *3 cuillerées à café de racine de gingembre*

Préparation

Découpez le poulet en morceaux. Hachez grossièrement la racine de gingembre. Versez dans un faitout la sauce de soja, le miel, le saké, le bouillon de légumes et le gingembre. Lorsque le mélange frémit, déposez-y les morceaux de poulet. Amenez de nouveau à ébullition, laissez cuire cinq minutes, retournez chaque morceau, cuisez encore cinq minutes. Baissez le feu, laissez mijoter à couvert vingt minutes en arrosant le poulet régulièrement.

Baissez le feu et laissez cuire 90 minutes environ.

Sortez les morceaux de poulet, disposez-les sur un plat, badigeonnez-les d'huile de sésame avec un pinceau, et servez accompagné de céréales ou de légumes.

Porc au sésame

Ingrédients pour 4 personnes

- *1 kg d'échine de porc dégraissée*
- *3 cuillerées à soupe de sauce de soja*
- *2 gousses d'ail*
- *1 cuillerée à soupe de mirin*
- *1 pincée de coriandre fraîche*
- *2 cuillerées à soupe de miel*
- *Sel, poivre*
- *1 cuillerée à soupe de graines de sésame*

Préparation

Découpez le porc en gros dés. Disposez-les dans une jatte. Versez-y la sauce de soja, ajoutez l'ail haché, le mirin, la coriandre et le miel.

Faites cuire sur chaque face dans une poêle, à l'huile d'olive ou d'arachide.

Saupoudrez de graines de sésame, laissez-les griller légèrement. Servez accompagné de patates douces, de feuilles de laitues et de tranches de concombre.

Porc aux pousses de bambou et au concombre

Ingrédients pour 4 personnes

- *800 g de porc bien maigre (filet mignon, échine…)*
- *1 verre de mirin*
- *2 cuillerées à soupe de sauce de soja*
- *1 bocal de pousses de bambou*
- *1 concombre japonais de préférence*
- *1 poivron rouge*
- *2 gousses d'ail*
- *1 oignon moyen*
- *1 cuillerée à soupe de maïzena*
- *1 cuillerée à café d'huile de sésame, d'arachide ou d'olive*
- *Sel, poivre*

Préparation

Détaillez le porc en tronçons de 5 cm de long environ.

Dans une jatte, versez le mirin et la sauce de soja. Placez-y les morceaux de porc à mariner.

Pendant ce temps, rincez les pousses de bambou et égouttez-les soigneusement. Lavez le poivron, épépinez-le et détaillez-le en lanières de 3 cm de long environ.

Hachez finement ail et oignon. Faites-les cuire dans une poêle, à l'huile, ajoutez la maïzena, les poivrons, remuez bien, laissez cuire cinq minutes, ajoutez les pousses de bambou, les lanières de viande marinées, faites cuire cinq minutes encore en remuant constamment.

Servez aussitôt.

Poulet en cocotte

Ingrédients pour 4 personnes

- *1 kg de blancs de poulet*
- *3 carottes*
- *2 côtes de céleri*
- *2 échalotes*
- *2 gousses d'ail*
- *1 cuillerée à café de racine de gingembre râpée*
- *3 cuillerées à soupe de vinaigre de xérès*
- *4 cuillerées à soupe de sauce de soja*
- *1 verre de bouillon de légumes*
- *Sel, poivre*
- *Huile d'arachide*

Préparation

Détaillez les blancs en gros cubes. Pelez les carottes, épluchez le céleri. Détaillez-les en petits tronçons.

Pelez et hachez finement les échalotes, écrasez l'ail.

Faites revenir les morceaux de poulet dans une cocotte, à l'huile d'arachide. Salez, poivrez. Les morceaux doivent être dorés sur toutes les faces.

Mouillez au bouillon de légumes. Couvrez. Laissez mijoter 40 minutes à feu moyen. Ajoutez carottes, céleri, échalote, ail, gingembre, vinaigre et sauce de soja. Laissez cuire encore quinze minutes à couvert.

Poulet au saké

Ingrédients pour 4 personnes

- *1 kg de blancs de poulet*
- *5 cuillerées à soupe de saké*
- *2 cuillerées à soupe de vinaigre de xérès*
- *2 concombres japonais ou non*
- *4 feuilles de laitue*
- *4 cuillerées à soupe de sauce de soja*
- *1 racine de raifort*

Préparation

Préparez une marinade avec le saké, le vinaigre de xérès et la sauce de soja. Salez la préparation.

Placez-y les blancs de poulet crus découpés en lanières.

Laissez mariner au frais une heure.

Coupez les concombres en fins tronçons de 3 cm de longueur et 8 mm de large environ.

Hacher la racine de raifort, écrasez-la.

Faites cuire les morceaux de poulet à la vapeur (environ 15 minutes). Disposez-les dans un plat. Placez les tronçons de concombres et les feuilles de laitue sur une assiette de présentation.

Filtrez la marinade. Ajoutez-y la racine de raifort écrasée. Versez cette préparation sur le poulet. Servez accompagné de laitue et de concombres.

Poulet aux épices et à l'ail

Ingrédients pour 4 personnes

- *1 poulet*
- *4 gousses d'ail*
- *1 cuillerée à soupe de racine de gingembre hachée*
- *Six clous de girofle*
- *1 cuillerée à café de coriandre moulue*
- *1 cuillerée à café de piment en poudre*
- *1 cuillerée à café de cannelle*
- *3 cuillerées à soupe de sauce de soja*
- *1 cuillerée à soupe d'huile de sésame*
- *1 verre de mirin*
- *Sel, poivre*
- *Riz*

Préparation

Epluchez et écrasez l'ail. Pelez la racine de gingembre, hachez-la. Réduisez les clous de girofle en poudre.

Dans une grande jatte, placez ces ingrédients. Ajoutez la coriandre moulue, le piment en poudre, la cannelle, la sauce de soja, l'huile de sésame, le mirin. Salez, poivrez.

Placez le poulet dans la jatte, arrosez-le de la préparation.

Laissez mariner le poulet au frais trois heures au moins. Arrosez-le régulièrement de la préparation.

Placez le poulet dans un plat, ventre en l'air, pour éviter qu'il roussisse. Faites cuire à four moyen à chaud une heure environ.

Découpez en morceaux, dressez sur un plat et servez accompagné d'un plat de riz nature.

Poulet aux algues

Ingrédients pour 4 personnes

- *4 cuisses de poulet*
- *2 échalotes*
- *1 gousse d'ail*
- *2 cuillerées à soupe de sauce de soja*
- *1 cuillerée à café de racine de gingembre râpée*
- *1 feuille d'algues au choix*
- *3 cuillerées de maïzena*
- *2 citrons non traités*
- *1 bain d'huile de friture (arachide)*
- *Sel, poivre*

Préparation

Dans une grande jatte, placez les échalotes et l'ail pelés et hachés, la sauce de soja, le gingembre râpé, la feuille d'algues finement émiettée, la maïzena. Mélangez bien. Laissez reposer une demi-heure. Badigeonnez les cuisses de poulet de cette préparation, laissez reposer une heure au frais. Faites frire dans l'huile d'arachide à 180 °C, et servez accompagné de quartiers de citron.

Riz au poulet et à la racine de bardane

Ingrédients pour 4 personnes

- *250 g de riz*
- *250 g de blancs de poulet*
- *1 cuillerée à café de racine de gingembre râpée*
- *1 dl de bouillon de légumes*
- *1 côte de céleri*
- *1 racine de bardane*
- *3 têtes de champignons shiitake*
- *10 g d'algues hijiki*
- *2 cuillerées à soupe de sucre roux*
- *1 cuillerée à soupe de mirin*
- *2 cuillerées à soupe de sauce de soja*
- *2 cuillerées à soupe de saké*
- *1 cuillerée à soupe de sésame grillé*
- *1 cuillerée à soupe d'huile de sésame ou d'arachide*
- *Sel, poivre*

Préparation

Lavez le riz plusieurs fois, égouttez-le, laissez-le reposer une heure. Lavez la côte de céleri, détaillez-la en bâtonnets de la taille d'une allumette. Reconstituez les algues hijiki. Coupez les blancs de poulet cuits en petits dés. Pelez la racine de bardane. Détaillez-la en fines tranches. Faites-la tremper vingt minutes et séchez-la sur du papier absorbant. Réhydratez les shiitake, détaillez-les en fines lamelles. Dans une casserole, mélangez les dés de poulet, la racine de gingembre, le sucre roux, une cuillerée à café de sauce de soja et le mirin. Ajoutez un peu d'eau. Faites réduire à feu doux sans cesser de remuer. Réservez le jus de cuisson. Dans une jatte, mélangez le bouillon de légumes, le jus de cuisson et le reste de la sauce de soja. Ajoutez un peu d'eau. Versez le riz dans une casserole, adjoignez la préparation à base de bouillon de légumes. Ajoutez le céleri, la racine de bardane, les champignons, les algues et le saké.

Portez à ébullition. Après cinq minutes, réduisez à feu moyen et faites cuire jusqu'à ce que toute l'eau se soit évaporée. Ajoutez les graines de sésame grillées, et servez.

Poissons

Crevettes sautées

Ingrédients pour 4 personnes

- *24 crevettes (bouquets)*
- *3 cuillerées à soupe de mirin ou de saké*
- *1 œuf*
- *1 petit verre de farine*
- *1 cuillerée à café d'huile de sésame ou d'arachide*
- *1 petit bol de sauce de soja*
- *Vinaigre de Xérès*
- *2 gousses d'ail*

Préparation

Faites cuire les crevettes à la vapeur ou au court-bouillon.
Décortiquez-les et découpez-les en morceaux.
Battez l'œuf dans une jatte.
Roulez les morceaux de bouquets dans la farine, puis dans l'œuf battu.
Faites revenir les morceaux de bouquets dans une poêle, à l'huile, pendant cinq minutes environ. Mouillez au mirin, remuez encore une minute et servez avec un petit bol de sauce de soja (3 cuillerées/personne) au vinaigre de xérès (1 cuillerée/personne) et à l'ail (1/2 gousse/personne).

Œufs brouillés au crabe

Ingrédients pour 4 personnes

- *8 œufs*
- *100 g de chair de crabe en boîte*
- *2 cuillerées à soupe de sauce de soja*
- *2 échalotes*
- *1 gousse d'ail*
- *1 cuillerée à café d'huile d'arachide, de sésame ou d'olive*
- *Sel, poivre*

Préparation

Dans une jatte, battre les œufs. Ajoutez la sauce de soja, mélangez bien.
Pelez l'ail et les échalotes, hachez-les menu.
Faites revenir les échalotes et l'ail une minute dans une poêle, à l'huile d'arachide, de sésame ou d'olive. Ajoutez cette préparation aux œufs battus.
Ajoutez le crabe en miettes bien égoutté, faites-le revenir jusqu'à ce qu'il soit légèrement doré. Ajoutez-le alors à la préparation à base d'œufs.
Faites chauffer la poêle. Quand elle est chaude, versez la préparation à base d'œufs.
Laissez cuire trois minutes en remuant constamment et en veillant à ce que la préparation ne brunisse pas.
Retirez du feu et servez bien chaud.

Crevettes au gingembre

Ingrédients pour 4 personnes

- *600 g de crevettes bouquets décortiquées*
- *1 cuillerée à café d'huile d'arachide, de sésame ou d'olive*
- *2 cuillerées à café de sucre roux*
- *1 cuillerée à café de racine de gingembre râpée*
- *1 œuf*
- *Sel, poivre*
- *Pour la friture : huile d'arachide*

Préparation

Faites chauffer l'huile d'arachide pour préparer le bain de friture.

Passez les bouquets décortiqués au mixeur. Placez la préparation obtenue dans une grande jatte.

Ajoutez la cuillerée à café d'huile, le sucre roux, la racine de gingembre râpée, le jaune d'œuf. Salez, poivrez.

Battez le blanc en neige très ferme. Incorporez-le au mélange en veillant à soulever la préparation afin de ne pas casser le blanc.

Confectionnez une bouchée de la taille d'une grosse noix à l'aide d'une cuillère à café. Aidez-vous, si besoin est, d'une seconde cuillère afin de former une boulette. Jetez-la dans l'huile bouillante, retirez la cuillère lorsque la boulette se détache. Renouvelez l'opération.

La boulette est cuite lorsqu'elle est parfaitement dorée. Recueillez-la alors à l'aide d'une écumoire, et placez-la sur du papier absorbant. Renouvelez l'opération jusqu'à épuisement de la pâte.

Réservez les boulettes au chaud, à l'entrée du four, et servez bien chaud.

Saumon aux poivrons

Ingrédients pour 4 personnes

- *800 g de darnes de saumon*
- *1 poivron vert*
- *1 poivron rouge*
- *2 citrons non traités*
- *1 cuillerée à café d'huile d'arachide*
- *Sel, poivre*

Préparation

Découpez le saumon en gros dés.
Lavez et épépinez les poivrons. Détaillez-les en dés.
Détaillez l'un des citrons en très minces rondelles. Découpez l'autre en quartiers, réservez-le pour la décoration.
Dans une poêle, faites revenir à l'huile d'arachide le saumon, le citron en tranches et les poivrons, pendant deux minutes en remuant constamment. Couvrez et laissez cuire à feu doux encore cinq minutes.
Versez le tout dans un plat de service. Décorez de quartiers de citron, et servez aussitôt.

Thon aux champignons

Ingrédients pour 4 personnes

- *800 g de darnes de thon*
- *30 g de champignons japonais au choix*
- *200 g de feuilles de chou chinois*
- *2 côtes de céleri*
- *1 échalote*
- *1 gousse d'ail*
- *2 cuillerées à soupe de sauce de soja*
- *2 cuillerées à soupe de mirin*
- *1 cuillerée à soupe d'huile d'arachide, de sésame ou d'olive*
- *Sel, poivre*

Préparation

Réhydratez les champignons en suivant les instructions figurant sur l'emballage.

Passez les darnes de thon sous l'eau courante froide, épongez-les soigneusement, égouttez-les sur du papier absorbant.

Détaillez-les en morceaux de 2,5 cm de côté environ.

Dans une jatte, mélangez la sauce de soja, le mirin et l'huile végétale. Poivrez, et laissez mariner au frais.

Lavez les feuilles de chou. Détaillez-les en lanières. Lavez les côtes de céleri. Détaillez-les en bâtonnets de trois centimètres de long.

Pelez l'ail et l'échalote. Hachez finement l'échalote, écrasez l'ail.

Egouttez les champignons, placez-les sur du papier absorbant, détaillez-les en lamelles.

Dans une poêle, faites revenir le thon dans l'huile végétale pendant trois à cinq minutes, en veillant à ce qu'il soit doré sur chaque face. Ajoutez la marinade, l'échalote et l'ail, puis les champignons, le chou taillé en lanières, remuez, et laissez cuire cinq minutes.

Salez si nécessaire.

Servez aussitôt.

Maquereau au miso

Ingrédients pour 4 personnes

- *1 maquereau*
- *2 cuillerées à soupe de miso*
- *2 cuillerées à café de miel*
- *2 cuillerées à soupe de mirin ou de saké*
- *1 concombre japonais ou pas (vous réserverez quelques rondelles pour la présentation)*
- *1 cuillerée à soupe de vinaigre de xérès*
- *1 cuillerée à café d'huile d'arachide, de sésame ou d'olive*
- *Sel, poivre*

Préparation

Nettoyez le maquereau, ôtez les arêtes et détaillez-le en morceaux de 3 cm de côté environ.

Diluez le miso dans un demi-verre d'eau, ajoutez une cuillerée à café de miel (réservez-en une) et le mirin ou le saké.

Faites chauffer à feu doux (la préparation doit épaissir) jusqu'à ébullition.

Faites revenir le maquereau dans l'huile, à la poêle. Après trois minutes, ajoutez la préparation à base de miso. Laissez cuire encore cinq minutes.

Pelez le concombre. Détaillez-le en bâtonnets de 3 cm de long sur 0,5 cm de large environ.

À part, mélangez le vinaigre, la seconde cuillerée de miel. Salez. Faites macérer les bâtonnets de concombre dans cette préparation.

Présentez le tout sur un plat, et décorez de rondelles de concombre cru.

Papillotes de daurade au sésame

Ingrédients pour 4 personnes

- *4 filets de daurade*
- *2 blancs de poireaux*
- *2 carottes*
- *2 échalotes*
- *1 citron vert non traité*
- *2 cuillerées à soupe de mirin*
- *2 cuillerées à soupe de sauce de soja*
- *1 cuillerée à soupe d'huile de sésame*
- *2 cuillerées à café de graines de sésame*
- *4 feuilles de papier aluminium de 25 cm de côté*
- *Sel, poivre*

Préparation

Epluchez les poireaux et les carottes, détaillez-les en petits bâtonnets. Pelez et hachez les échalotes.

Déposez sur chaque feuille de papier aluminium la moitié de la quantité des poireaux, carottes et échalotes. Déposez sur ce lit de légumes les filets de daurade. Salez, poivrez, recouvrez du reste des légumes.

Faites griller sans les faire roussir les graines de sésame dans une poêle anti-adhésive.

Versez le jus du citron non traité, le mirin, la sauce de soja et l'huile de sésame dans une jatte. Salez et poivrez légèrement. Mélangez bien à l'aide d'une fourchette. Versez cette préparation sur le contenu des papillotes.

Fermez les papillotes et faites-les cuire quinze minutes environ à la vapeur.

Sushi aux crevettes cuites

(Pour ceux que l'idée de manger du poisson cru dérange)

Ingrédients pour 4 personnes (8 sushi)

- *8 crevettes roses*
- *100 g de riz à sushi*
- *Wasabi en tube*

Préparation

Lavez les crevettes sous l'eau courante. Faites-les cuire dans une casserole d'eau salée. Epluchez-les.

Préparez des boulettes de riz: après vous être rincé les mains dans de l'eau froide additionnée de vinaigre de riz, formez une boulette en vous aidant du creux de la main ou, comme les pros, du bord du plat. Renouvelez huit fois l'opération.

Enduisez les crevettes de wasabi avec l'index. Posez-les sur la boulette de riz, wasabi côté riz, et aplatissez du plat de la main.

Préparez un riz à sushi

Ingrédients pour 4 personnes

- *2 verres de riz rond blanc*
- *3 cuillerées à soupe de vinaigre de riz pour le rinçage*
- *2 cuillerées à soupe de vinaigre de riz à sushi (recette ci-contre)*

Préparation

Lavez soigneusement le riz plusieurs fois jusqu'à ce que l'eau reste claire.

Faites alors tremper le riz une demi-heure dans une dernière eau de trempage.

Egouttez le riz. Placez-le dans une casserole, recouvrez-le de quatre verres d'eau, couvrez. Ne pas remuer.

Portez à ébullition, réduisez le feu, faites cuire encore

huit minutes. Coupez le feu et laissez le riz gonfler encore cinq minutes, jusqu'à totale absorption de l'eau.
Versez un peu de vinaigre de riz dans une grande quantité d'eau froide. Rincez le riz avec cette préparation. Egouttez le riz, essuyez-le. Placez-le dans un large plat en terre ou en bois. Egrenez-le à l'aide d'une spatule en bois ou, à défaut, en plastique (mais pas en métal).
Ajoutez le vinaigre de riz à sushi. Mélangez délicatement. Éventez le riz en continuant de mélanger de manière à lui donner l'aspect glacé, caractéristique du riz à sushi.

Recette du vinaigre de riz à sushi

Ingrédients pour 4 personnes

- *5 cuillerées à soupe de vinaigre de riz*
- *2 cuillerées à soupe de sucre blanc*
- *1 cuillerée à soupe de sel*

Préparation

Placez le vinaigre, le sucre et le sel dans une casserole. Portez le mélange à ébullition sans cesser de remuer. Maintenez l'ébullition pendant dix secondes, coupez le feu et laissez refroidir.

Sushi au thon

Ingrédients pour 4 personnes

- *200 g de thon rouge bien frais*
- *400 g de riz à sushi (voir recette p. 132)*
- *Wasabi en tube*
- *1 cuillerée à soupe de sauce de soja*

Préparation

Préparez des boulettes en suivant les indications ci-dessus (voir préparation des boulettes de riz p. 132).

Découpez des filets de thon de 8 centimètres de long sur 8 mm d'épaisseur. Déposez un peu de wasabi de la pulpe de l'index sur l'un des filets. Placez-le sur la boulette (le wasabi doit toujours être en contact avec le riz), pressez du plat de la main.

Renouvelez l'opération.

Dans une jatte, mélangez une pincée de wasabi dans la sauce de soja. Trempez alors la face thon de chaque sushi furtivement dans cette préparation.

Suggestion de décoration

Placez sur un plat, décorez de lanières de peau de concombre nouées ou sculptées, de feuilles de persil japonais, de bambou, de rouleaux d'omelette fine ou de toute autre décoration de votre choix.

Sushi au crabe (cuit)

Ingrédients pour 4 personnes

- *130 g de chair de crabe, fraîche ou en boîte*
- *100 g de riz à sushi (voir recette page 132)*
- *1 jaune d'œuf*
- *3 cuillerées à soupe d'huile de sésame*
- *1 cuillerée à café de wasabi*
- *1 cuillerée à café de sauce de soja*
- *1 feuille de nori (algues)*

Préparation

Dans une jatte, mélangez le wasabi, le jaune d'œuf et l'huile de sésame pour obtenir une crème homogène. Ajoutez la sauce de soja.

Egouttez le crabe. Placez-le dans cette préparation, mélangez afin qu'il s'en imprègne.

Préparez les boulettes de riz.

Préparez le nori

Découpez des bandes de 3 x 12 centimètres. Enroulez-les afin d'obtenir un cercle, et collez-les bord à bord à l'aide de quelques grains de riz.

Placez la boulette de riz au sein de cette enceinte. Recouvrez de la préparation à base de crabe.

Servez sur une assiette ou un plateau en bambou, décoré de feuilles sculptées.

Desserts

Nashi (poire japonaise) au miel et au citron

Ingrédients pour 4 personnes

- *4 nashi*
- *1 citron non traité*
- *100 g de miel*
- *40 cl d'eau*
- *1 cuillerée à café de racine de gingembre râpée*

Préparation

Versez l'eau dans une casserole. Ajoutez le miel, la racine de gingembre râpée, le jus du citron (réservez-en deux cuillerées à soupe) et un peu de son zeste.

Faites cuire à feu doux sans cesser de remuer. Quand la préparation est homogène, portez à ébullition et faites cuire cinq minutes.

Pelez les nashi, épépinez-les. Détaillez-les en lamelles. Disposez ces lamelles en éventail dans une coupe à glace. Filtrez la préparation à base de citron et de miel. Versez-la sur les nashi. Placez au frais au moins une heure avant de servir décoré d'une feuille de bambou sculptée.

Glace au Matcha (thé vert en poudre)

Ingrédients pour 4 personnes

- *1 litre de lait écrémé*
- *5 jaunes d'œufs*
- *7,5 cl de crème fraîche liquide allégée*
- *100 g de sucre*
- *1 cuillerée à café de thé Matcha*

Préparation

Dans une jatte, mélangez intimement le sucre et les jaunes d'œufs pour obtenir une préparation homogène. La préparation doit devenir jaune pâle. Ajoutez la crème fraîche, mélangez.

Diluez le thé vert en poudre dans le lait. Versez cette préparation dans le mélange à base de jaunes d'œufs. Battez pour mélanger. Versez dans un bac en métal que vous placerez au congélateur. Une heure après, mélangez la préparation avec une cuillère, puis replacez-la au congélateur.

Confiture d'azuki

Ingrédients pour 4 personnes

- *2 verres d'azuki*
- *1 verre de sucre*

Préparation

Rincez les azuki, placez-les dans de l'eau claire et laissez-les tremper toute une nuit. Le lendemain, rincez-les et égouttez-les. Placez-les dans une grande quantité d'eau bouillante. Laissez cuire trois minutes, jetez cette première eau de cuisson et faites de nouveau cuire les azuki dans une grande casserole d'eau. Amenez à ébullition, puis diminuez le feu et laissez cuire deux heures environ, jusqu'à ce que les haricots deviennent mous.

Egouttez et passez les azuki cuits au chinois afin de les débarrasser des petites peaux. Placez la préparation obtenue dans une casserole, ajoutez le sucre, une pincée de sel, remuez, et laissez cuire en remuant constamment. Ajouter un petit peu d'eau si nécessaire.

Placez dans une terrine, laissez refroidir et servez avec une tasse de thé vert.

Crêpes aux azuki

Ingrédients pour 4 personnes

- *250 g de confiture d'azuki (voir recette ci-contre)*
- *300 g de farine de riz ou de blé*
- *20 g de sucre*
- *1 pincée de sel*
- *1 verre d'eau*
- *2 œufs*
- *1 cuillerée à soupe d'huile de sésame ou d'arachide*

Préparation

Placez la farine tamisée en fontaine dans une jatte. Versez le sucre et l'eau, mélangez pour obtenir une préparation homogène.

Ajoutez les œufs battus, salez, mélangez bien, puis laissez la préparation reposer au frais pendant une heure.

Versez l'huile dans une poêle anti-adhésive. Faites cuire la crêpe en procédant comme d'habitude.

Hors du feu, recouvrez de confiture d'azuki et servez.

Gingembre au vinaigre

Ingrédients

- *1 racine de gingembre de 250 g environ*
- *150 ml de vinaigre de riz*
- *6 cuillerées à soupe de saké ou de mirin*
- *5 cuillerées à soupe de miel liquide*

Préparation

Dans une casserole, mélangez le vinaigre de riz, le saké ou le mirin et le miel liquide. Faites cuire à feu doux. Quand le mélange est parfaitement homogène, coupez la flamme et laissez refroidir.

Pelez la racine de gingembre. Blanchissez-la rapidement dans une grande quantité d'eau bouillante. Egouttez-la sur du papier absorbant, et détaillez-la en fines lamelles.

Laissez mariner au frais pendant deux jours, et dégustez après dîner ou dans la journée.

Prunes marinées

Ingrédients

- *500 g de petites prunes japonaises*
- *500 g de gros sel*

Préparation

Lavez les prunes, essuyez-les soigneusement. Placez-en quelques-unes dans le fond d'un bocal, recouvrez d'une couche de gros sel, puis renouvelez l'opération jusqu'à épuisement des ingrédients.

Fermez le bocal et laissez-le reposer pendant sept jours à température ambiante.

Retirez alors les prunes du bocal, jetez le sel. Laissez-les sécher à l'ombre, à l'air libre, pendant sept jours.

Placez dans la saumure et consommez au gré de vos envies.

Glace au gingembre

Ingrédients

- *1 litre de lait écrémé*
- *200 g de crème fraîche allégée*
- *4 jaunes d'œufs*
- *150 g de sucre*
- *50 g de jus frais de racine de gingembre*

Préparation

Râpez la racine de gingembre. Placez la préparation obtenue dans un linge très fin. Pressez pour en exprimer le jus au-dessus d'une jatte.

Ajoutez le sucre et les jaune d'œufs, mélangez pour obtenir une pâte homogène.

Faites tiédir le lait, versez-le sur la préparation à base d'œufs et mélangez bien.

Faites chauffer cette préparation dans une casserole. Elle est cuite quand elle nappe la cuillère.

Laissez refroidir, et placez au congélateur au moins trois heures.

Boulettes de riz à la sauce de soja

Ingrédients pour 4 personnes

Pour les boulettes

- *300 g de riz rond, eau.*

Pour la sauce de soja

- *5 cuillerées à soupe de sauce de soja*
- *15 g de maïzena*
- *180 g de sucre*
- *20 cl d'eau*

Préparation

Boulettes

Faites cuire le riz en suivant les instructions figurant sur l'emballage. Egouttez et rincez-le. Séparez les grains avec une fourchette.
Fabriquez dans le creux de la main des boulettes de 50 g environ.
Placez-les au four, position gril, pour les faire griller légèrement.

Sauce de soja

Placez tous les ingrédients dans une casserole
Faites chauffer en remuant
Faites réduire de manière à obtenir une sauce assez épaisse
Placez trois boulettes de riz grillées sur chaque assiette, nappez-les de la sauce de soja tiède et servez.

Recettes françaises d'inspiration japonaise

La gastronomie française est appréciée dans le monde entier pour le savoir-faire de ses grands chefs autant que pour sa saveur particulière. La cuisine japonaise allie des arômes subtils dégagés par des ingrédients délicats. Le principe de ces recettes est d'utiliser la technique française pour développer avec finesse tout le bouquet des produits nippons. Pour le plaisir du palais et pour la santé, pourquoi ne pas remplacer la traditionnelle crème fraîche par du tofu ou les banales coquillettes par des haricots de soja? Le tout arrosé d'un thé vert…

Entrées

Salade aux haricots de soja

Ingrédients pour 4 personnes

- *1 salade verte*
- *50 g de haricots de soja cuits*
- *50 g d'azuki ou de haricots rouges*
- *1 gousse d'ail*
- *1 petit oignon blanc*
- *2 cuillerées à soupe d'huile d'olive, de sésame ou de colza*
- *1 cuillerée à soupe de vinaigre*
- *Sel, poivre*

Préparation

Lavez la salade, essorez-la, déchirez les feuilles en lanières.
Pelez l'oignon, hachez-le finement.
Pelez et écrasez l'ail.
Faites cuire les haricots de soja et les azuki en suivant les instructions figurant sur l'emballage.
Préparez la vinaigrette en mélangeant intimement huile et vinaigre, salez, poivrez.
Rincez les haricots, épongez-les. Placez la salade dans un grand saladier, ajoutez en son centre les haricots, l'ail, l'oignon, nappez de vinaigrette et servez.

Tomates au tofu

Ingrédients pour 4 personnes

- *8 tomates*
- *1 bloc de tofu nature (125 g)*
- *Basilic*
- *Ciboulette*
- *Persil*
- *1 gousse d'ail*
- *1 cuillerée à soupe d'huile d'olive*
- *1 cuillerée à soupe de vinaigre aromatisé aux échalotes*
- *Sel, poivre*

Préparation

Lavez les tomates, essuyez-les, détaillez-les en tranches.
Rincez le tofu sous l'eau froide, détaillez-le en cubes de 1 centimètre de côté.
Lavez le basilic, la ciboulette émincée, le persil, hachez-les.
Pelez et écrasez la gousse d'ail.
Disposez les tomates dans un plat creux. Recouvrez-les de tofu.
Ajoutez le basilic, la ciboulette, le persil, l'ail, l'huile d'olive et le vinaigre. Salez, poivrez, mélangez bien et servez.

Salade aux crevettes

Ingrédients pour 4 personnes

- *250 grammes de crevettes grises décortiquées*
- *500 g d'asperges fraîches ou 250 g de pointes d'asperges*
- *1 belle salade (laitue, batavia, frisée...)*
- *1 échalote*
- *1 citron*
- *100 g de fromage blanc maigre*
- *2 gousses d'ail*
- *1 branche d'estragon*
- *1 cuillerée à soupe de vinaigre aromatisé*
- *Sel, poivre*

Préparation

Epluchez les asperges, faites-les cuire 15 minutes dans l'eau bouillante salée. Égouttez-les, gardez les pointes et jetez les tiges.
Faites cuire les crevettes, décortiquez-les (vous pouvez également acheter des crevettes cuites décortiquées). Égouttez-les et laissez-les refroidir.
Lavez soigneusement et épluchez la salade.
Préparez la sauce en mélangeant le vinaigre, le jus de citron, l'échalote hachée et le fromage blanc maigre, salez, poivrez.
Disposez la salade dans un saladier, ajoutez les feuilles d'estragon finement ciselées, les crevettes décortiquées, et finissez par les pointes d'asperge. Versez la sauce et servez.

Velouté de lentilles au gingembre

Ingrédients pour 4 personnes

- *200 g de lentilles*
- *100 g d'azuki ou de haricots rouges*
- *2 oignons*
- *4 blancs de poireaux*
- *2 gousses d'ail*
- *1 cuillerée à café de racine de gingembre hachée*
- *Sel, poivre*

Préparation

Faites tremper les azuki toute la nuit dans l'eau froide non salée.

Déversez l'eau de trempage et jetez les haricots bien rincés et les lentilles dans deux litres d'eau froide. Portez doucement à ébullition.

Pendant ce temps, faites dorer les oignons pelés et hachés grossièrement dans une poêle anti-adhésive, ajoutez l'ail écrasé grossièrement, salez et poivrez.

Quand l'eau est arrivée à ébullition, ajoutez les oignons dorés, remuez et laissez cuire pendant 1 h 30 environ.

Lavez et épluchez les poireaux, coupez-les en rondelles et faites-les revenir dans la poêle où ont cuit les oignons, en ajoutant un peu de bouillon de légumes si nécessaire, salez et poivrez.

Ajoutez les poireaux et la racine de gingembre hachée aux légumes secs, laissez cuire encore 15 minutes, et passez la préparation au mixeur. Passez au chinois. Servez bien chaud.

Tomates farcies au crabe

Ingrédients pour 4 personnes

- *4 belles tomates*
- *400 g de miettes de crabe en boîte*
- *2 gousses d'ail*
- *1 branche de basilic*
- *1 branche de persil*
- *1 petit pot de fromage blanc maigre*
- *2 blancs d'œufs*
- *1 citron*
- *Sel, poivre*

Préparation

Lavez les tomates, et découpez un « couvercle » au sommet. Évidez-les soigneusement, réservez la chair.

Ecrasez les miettes de crabe en purée. Versez cette purée dans un saladier avec l'ail et le persil haché, le jus du citron pressé, salez, poivrez.

Battez les deux blancs d'œufs en neige, mélangez-les intimement au fromage blanc, et incorporez le tout au crabe écrasé à la fourchette. Ajoutez une partie de la chair des tomates, réservez le reste pour faire un potage ou tout autre plat de votre choix.

Garnissez les tomates de cette préparation, replacez le « couvercle », disposez dans le plat de service ou sur les assiettes, et décorez de feuilles de basilic frais.

Pain de légumes au soja

Ingrédients pour 4 personnes

- *250 g de champignons de Paris*
- *2 carottes*
- *2 oignons*
- *3 gousses d'ail*
- *250 g de tofu nature*
- *100 g de flocons de soja précuits*
- *3 œufs*
- *2 yaourts bulgares*
- *50 g de graines de sésame*
- *2 cuillerées à soupe d'huile d'olive ou de sésame*
- *1 branche de persil*
- *2 feuilles de laurier*
- *Sel, poivre*

Préparation

Pelez l'ail et les oignons. Hachez-les finement. Faites-les revenir dans une poêle, à l'huile d'olive ou de sésame. Ajoutez les carottes lavées, épluchées et détaillées en très petits cubes, ainsi que les champignons épluchés. Faites cuire dix minutes environ en veillant à ce que la préparation n'attache pas.

Hors du feu, ajoutez les œufs battus, le tofu émietté à la fourchette, les flocons de soja, les yaourts bulgares, les graines de sésame, le persil, le laurier, salez, poivrez, mélangez bien et versez dans un moule à cake anti-adhésif.

Placez le moule dans un plat à demi rempli d'eau. Faites cuire 1 h 10 environ à four moyen (thermostat 5/6).

Démoulez sur un lit de salade verte et servez en entrée.

Terrine végétale

Ingrédients pour 4 personnes

- *2 belles branches de céleri*
- *2 blancs de poireaux*
- *2 oignons*
- *20 g de flocons de soja précuits*
- *100 g de tofu nature*
- *2 blancs d'œufs*
- *1 branche de persil*
- *1 cuillerée à café de farine de blé complète non raffinée*
- *Sel, poivre du moulin*

Préparation
Lavez et épluchez le céleri et les poireaux, détaillez-les en rondelles.
Pelez les oignons; émincez-les finement.
Dans une poêle anti-adhésive, faites dorer le céleri et les oignons, en rajoutant un peu d'eau ou de bouillon de légumes si les légumes menacent d'attacher.
Retirez du feu, versez dans une grande jatte et ajoutez les flocons de soja hachés grossièrement. Mélangez intimement afin d'obtenir une préparation homogène.
Passez le tofu au mixeur pour obtenir une crème. Ajoutez lentement le tofu à la préparation sans cesser de remuer. Salez, poivrez, ajoutez les deux blancs d'œufs et le persil haché.
Versez la préparation dans un moule à cake anti-adhésif. Faites cuire à four moyen pendant 45 minutes.
Servez tiède en entrée ou en plat principal accompagné d'une salade verte.

Pâté de soja aux champignons

Ingrédients pour 4 personnes

- *250 g de champignons de Paris*
- *2 échalotes*
- *2 gousses d'ail*
- *4 cuillerées à soupe de confit d'amandes*
- *150 g de tofu*
- *1 cuillerée à soupe d'huile d'olive vierge extra*
- *1 cuillerée à soupe de sauce de soja*
- *1 cuillerée à café de jus de citron*
- *quelques brins de ciboulette hachée*
- *Sel, poivre*

Préparation

Pelez l'ail et les échalotes, hachez-les. Lavez et épluchez les champignons, détaillez-les en lamelles.

Dans une cocotte, faites revenir à l'huile d'olive les échalotes, l'ail, et les champignons.

Placez la préparation dans le bol du mixeur. Ajoutez-y le confit d'amandes, le tofu, la ciboulette, le jus de citron, la sauce de soja, salez, poivrez, mixez bien le tout afin d'obtenir un mélange ferme.

Placez au frais et servez en apéritif, sur des tranches de pain complet, ou en entrée, pour accompagner salades et crudités.

Salade d'épinards au tofu

Ingrédients pour 4 personnes

- *250 g de feuilles d'épinards frais*
- *1 bloc de tofu nature*
- *2 gousses d'ail*
- *1 pincée de coriandre*
- *1 cuillerée à soupe d'huile de sésame ou de colza*
- *1 cuillerée à soupe de vinaigre de xérès*
- *Sel, poivre*

Préparation

Lavez les épinards, épongez-les soigneusement, ciselez les feuilles et placez-les dans un saladier. Détaillez le tofu en petits dés. Faites-le revenir, dans une poêle, avec l'ail écrasé et la coriandre. Laissez refroidir. Assaisonnez avec l'huile de sésame ou de colza et le vinaigre de xérès, salez, poivrez et servez.

Plats principaux sans viande

Chou chinois aux deux poivrons

Ingrédients pour 4 personnes

- *1 chou chinois*
- *1 poivron vert*
- *1 poivron rouge*
- *2 oignons*
- *2 gousses d'ail*
- *1 échalote*
- *250 g de tofu*
- *1 cuillerée à soupe de sauce de soja*
- *1 branche de persil haché*
- *Le jus d'un demi-citron*
- *1 pincée de curry*
- *1 pincée de paprika*
- *1 pincée de gingembre râpé*
- *1 cuillerée à soupe d'huile d'olive vierge extra*
- *1 verre de bouillon de légumes*
- *sel, poivre*

Préparation

Lavez et épluchez le chou chinois. Découpez-le en lanières.
Lavez et épépinez les poivrons ; détaillez-les en cubes.
Faites revenir le tofu coupé en dés dans un faitout, à l'huile d'olive, avec la sauce de soja pendant trois à cinq minutes.
Pelez et hachez l'ail et les oignons. Jetez-les dans la poêle, ainsi que les poivrons. Arrosez de bouillon de légumes. Laissez cuire dix minutes environ.
Ajoutez le chou chinois, le jus de citron, le curry, le paprika, le gingembre râpé, salez, poivrez.
Faites cuire à couvert, à feu doux, pendant vingt minutes environ.
Dressez dans un plat et saupoudrez de persil haché. Servez aussitôt.

Tofu aux tomates

Ingrédients pour 4 personnes

- *1 courgette*
- *300 g de tomates bien mûres*
- *1 poivron vert*
- *2 oignons*
- *2 gousses d'ail*
- *250 g de tofu coupé en dés*
- *50 g de raisins secs*
- *1 yaourt bulgare*
- *1 pincée de curry*
- *1 pincée de paprika*
- *1 pincée de cannelle*
- *Herbes de Provence*
- *1 cuillerée à soupe d'huile d'arachide*
- *1 cuillerée à soupe de sauce de soja*
- *maïzena*
- *Sel, poivre*

Préparation

Lavez les tomates, découpez-les en dés. Plongez la courgette lavée, pelée et détaillée en cubes dans de l'eau bouillante pendant cinq minutes.

Dans une cocotte, faites revenir à l'huile d'arachide les oignons et l'ail hachés grossièrement, ainsi que le poivron lavé, épépiné et découpé en dés. Ajoutez un peu d'eau si nécessaire. Ajoutez le tofu détaillé en dés, la sauce de soja, le curry, le paprika, la cannelle, les herbes de Provence, la courgette cuite et égouttée, les tomates et les raisins secs. Faites cuire un quart d'heure, puis ajoutez la maïzena délayée dans un verre d'eau, laissez cuire encore dix minutes, ôtez du feu, salez, poivrez, incorporez le yaourt, mélangez et servez aussitôt avec du riz, du pilpil de blé, du millet, du soja ou toute autre céréale.

Azuki aux concombres

Ingrédients pour 4 personnes

- *125 g d'azuki ou de haricots rouges*
- *1 branche de céleri*
- *4 tomates*
- *1 poivron vert*
- *1 concombre*
- *2 oignons*
- *2 gousses d'ail*
- *1 cuillerée à café de racine de gingembre râpée*
- *1 cuillerée à café de graines de coriandre moulues*
- *1 cuillerée à café de piment de Cayenne*
- *1 cuillerée à soupe de curry*
- *1 cuillerée à soupe d'huile de sésame*
- *Sel, poivre*

Préparation

Faites tremper les azuki toute une nuit. Jetez l'eau de trempage, rincez-les. Faites-les cuire selon les instructions figurant sur le paquet.

Pendant ce temps, faites revenir 5 minutes dans une cocotte, à l'huile de sésame, les oignons pelés et hachés, l'ail pelé et écrasé et le poivron pelé, épépiné et détaillé en carrés.

Ajoutez les tomates pelées et découpées en petits dés, le concombre pelé, épépiné et coupé en dés, la branche de céleri hachée, la racine de gingembre, le piment de Cayenne, le curry, salez, poivrez.

Égouttez les azuki. Ajoutez-les à la préparation. Faites cuire encore 5 à 10 minutes et servez.

Haricots de soja au gingembre

Ingrédients pour 4 personnes

- *150 g de haricots de soja*
- *4 tomates bien mûres*
- *3 oignons*
- *1 cuillerée à café de racine de gingembre râpée*
- *1 cuillerée à soupe de vinaigre aromatisé*
- *3 branches de menthe*
- *1 pincée de piment de Cayenne*
- *1 cuillerée à café de cannelle en poudre*
- *1 verre de bouillon de légumes*
- *1 cuillerée à soupe d'huile d'olive*
- *Sel, poivre*

Préparation

Préparez le soja en suivant les instructions figurant sur le paquet.

Dans une grande cocotte, faites revenir à l'huile d'olive les tomates pelées et épépinées, les oignons pelés et hachés avec le vinaigre. Ajoutez le piment de Cayenne, la cannelle en poudre, salez, poivrez.

Incorporez le soja égoutté et rincé, mélangez bien, versez un peu de bouillon de légumes (ou d'eau) si nécessaire.

Ajoutez la menthe lavée et hachée, le gingembre en poudre, faites cuire encore 2 minutes en remuant et servez.

Pâtes aux algues

Ingrédients pour 4 personnes

- *200 g de pâtes*
- *2 blancs de poireaux*
- *1 gousse d'ail*
- *1 feuille d'algues au choix*
- *1 cuillerée à soupe d'huile d'olive*
- *Sel, poivre*

Préparation

Faites cuire les pâtes dans une grande quantité d'eau salée. Lavez les blancs de poireaux, découpez-les en fines rondelles. Pelez et écrasez l'ail. Faites revenir les poireaux et l'ail dans une poêle, à l'huile d'olive. Remuez, faites cuire cinq minutes. Ajoutez la feuille d'algues réduite en paillettes. Remuez. Ajoutez un peu de bouillon de légumes si la préparation vous paraît trop sèche.

Égouttez les pâtes, placez-les dans un saladier, ajoutez la préparation à base de poireaux, mélangez bien et servez.

Brochettes de tofu au gingembre

Ingrédients pour 4 personnes

- *200 g de tofu*
- *1 cuillerée de gingembre frais râpé*
- *4 tomates*
- *2 oignons*
- *2 gousses d'ail*
- *1 poivron vert*
- *1 poivron rouge*
- *150 g d'ananas frais ou en boîte*
- *1 cuillerée à café de graines de coriandre moulues*
- *6 cuillerées à soupe d'huile d'olive vierge extra*
- *1 pincée de piment de Cayenne*
- *Sel, poivre*

Préparation

Lavez les tomates, détaillez-les en quartiers. Coupez chaque quartier en deux. Pelez les oignons, découpez-les de la même manière que les tomates. Lavez et épépinez les poivrons, découpez-les en carrés. Épluchez l'ananas, détaillez-le en cubes.

Préparez la marinade : dans une jatte, versez l'huile d'olive, l'ail épluché et haché, les graines de coriandre moulues, le gingembre frais râpé, le piment de Cayenne, le sel, le poivre.

Enfilez en alternance légumes, fruit et tofu sur des brochettes.

Disposez-les dans un plat creux.

Arrosez-les de marinade et laissez mariner une heure, recouvert d'un torchon propre.

Faites cuire 10 à 15 minutes au four (position gril).

Servez aussitôt.

Galettes de tofu aux courgettes

Ingrédients pour 4 galettes

- *400 g de tofu*
- *1 petite courgette*
- *1 tomate*
- *2 cuillerées à soupe de sauce de soja*
- *1 cuillerée à soupe d'huile d'olive vierge extra*
- *3 cuillerées à soupe de levure de bière maltée*
- *2 cuillerées à soupe de farine de soja*
- *1 branche de persil*
- *Sel, poivre*

Préparation

Pelez la courgette, râpez-la. Lavez la tomate, détaillez-la en très petits cubes. Ôtez l'excédent de jus.
Passez le tofu au mixeur avec le persil, du sel, du poivre.
Mélangez cette préparation ainsi obtenue avec la courgette râpée et la tomate en cubes. Pressez afin de former quatre escalopes.
Dans une assiette creuse, versez la sauce de soja, l'huile d'olive. Incorporez la levure de bière, mélangez bien. Passez les escalopes dans cette panade, puis saupoudrez-les de farine de soja. Faites cuire à la poêle, dans un peu d'huile d'olive vierge extra, à raison de cinq minutes par face.
Servez aussitôt pour accompagner légumes et céréales.

Brouillade de tofu aux tomates

Ingrédients pour 4 personnes

- *250 g de tofu*
- *400 g de tomates bien mûres*
- *2 oignons*
- *1 poivron vert*
- *1 branche de persil haché*
- *1 cuillerée à soupe d'herbes de Provence*
- *2 cuillerées à soupe d'huile d'olive vierge extra*
- *3 gousses d'ail*
- *1 verre de bouillon de légumes*
- *Sel, poivre*

Préparation

Dans une jatte, émiettez le tofu. Faites fondre les oignons hachés à la poêle, à l'huile d'olive.

Adjoignez le tofu, les tomates et les poivrons coupés en dés, un verre de bouillon de légumes, et laissez mijoter à feu doux une dizaine de minutes.

Ajoutez alors l'ail et le persil hachés, les herbes de Provence, salez, poivrez, mélangez bien, faites cuire encore cinq minutes et servez.

Tarte aux échalotes

Ingrédients pour 4 personnes

- *1 rouleau de pâte brisée toute préparée achetée dans un magasin bio*
- *8 échalotes*
- *2 œufs*
- *15 cl de lait de soja*
- *50 g de Comté râpé*
- *150 g de tofu*
- *1 cuillerée à café de cannelle en poudre*
- *1 cuillerée à soupe d'huile de sésame*
- *1 cuillerée à soupe de graines de sésame*
- *Sel, poivre du moulin*

Préparation

Faites cuire la pâte à blanc, dans un moule à tarte de 28 cm de diamètre.

Pendant ce temps, pelez et émincez les échalotes. Faites-les suer dans une poêle, à l'huile de sésame.

Passez le tofu au mixeur. Placez-le dans un saladier. Ajoutez les œufs entiers, le Comté râpé, la cannelle, salez, poivrez. Adjoignez les échalotes, mélangez bien.

Versez cette préparation sur la pâte. Saupoudrez de graines de sésame. Placez au four et faites cuire 20 minutes environ à four chaud (200 °C).

Viandes

Poulet pimenté au gingembre

Ingrédients pour 4 personnes

- *4 cuisses de poulet*
- *1 petit verre de lait de soja*
- *2 cuillerées à soupe de sauce de soja*
- *2 cuillerées à soupe de mirin ou de saké*
- *2 cuillerées à café de racine de gingembre râpée*
- *2 gousses d'ail*
- *30 g de graines de coriandre écrasées*
- *1 cuillerée à café de piment en poudre*
- *Sel, poivre*

Préparation

Versez le lait de soja, la sauce de soja, le mirin ou le saké, la racine de gingembre râpée, l'ail pelé et écrasé, les graines de coriandre écrasées et le piment en poudre dans une jatte. Mélangez bien. Placez les cuisses de poulet dans cette marinade. Réservez au frais 12 heures en retournant les morceaux de temps en temps.

Après ce délai, égouttez les morceaux de poulet, salez et poivrez-les, et placez-les dans le four position gril, retournez-les de temps en temps de manière à les faire dorer de chaque côté, arrosez avec la marinade à mi-cuisson.

Servez les morceaux de poulet quand ils sont bien dorés.

Poulet sauce aigre-douce

Ingrédients pour 4 personnes

- *1 poulet de 1,200 kg environ*
- *3 citrons non traités*
- *1 petite boîte d'ananas en morceaux*
- *1 poivron vert*
- *1 bouquet de basilic*
- *1 verre à moutarde de mirin ou de saké*
- *6 gousses d'ail*
- *1 cuillerée à café de racine de gingembre râpée*
- *Sel, poivre*

Préparation

Découpez le poulet en huit morceaux que vous placerez dans un plat creux.

Ajoutez 2 citrons lavés et coupés en rondelles, l'ail écrasé, le mirin ou le saké, salez, poivrez.

Laissez mariner 12 heures au frais en retournant les morceaux de temps en temps.

Après ce temps, égouttez les morceaux de poulet et placez-les au four sous le gril 15 à 20 minutes en les retournant à mi-cuisson. Arrosez régulièrement de marinade.

Pendant que le poulet cuit, faites revenir 5 minutes dans un faitout antiadhésif les morceaux d'ananas et leur jus avec le poivron vert lavé, épépiné et découpé en petits dés, le jus du 3e citron ; ajoutez le gingembre râpé, salez.

Replacez les morceaux de poulet dans le plat creux ayant servi à la marinade, versez-y la préparation ananas/poivron, enfournez cinq minutes et servez.

Poulet à la cannelle

Ingrédients pour 4 personnes

- *4 blancs de poulet*
- *1 citron pressé*
- *1 branche de persil*
- *1 yaourt bulgare maigre*
- *2 cuillerées à café de cannelle en poudre*
- *1 cuillerée à café de coriandre*
- *1 cuillerée à café de clous de girofle en poudre*
- *1 cuillerée à café d'huile de sésame*
- *Sel, poivre*

Préparation

Pressez le citron. Versez le jus dans une jatte. Ajoutez la cannelle en poudre, la coriandre et les clous de girofle en poudre, salez, poivrez, mélangez bien.

Placez les blancs de poulet coupés en gros dés dans cette préparation. Laissez mariner une heure.

Dans un faitout, faites dorer les morceaux de poulet sur toutes les faces. Quand ils sont bien dorés, baissez le feu, ajoutez la marinade, remuez et faites cuire encore 5 minutes. Baissez la flamme à petit feu. Ajoutez le yaourt bulgare, remuez une minute, placez les morceaux de poulet sur un plat, saupoudrez de persil haché et servez accompagné de riz.

Poulet aux pousses de bambou

Ingrédients pour 4 personnes

- *4 escalopes de poulet de 100 g environ*
- *1 bocal de pousses de bambou*
- *4 gousses d'ail*
- *2 cuillerées à café de cumin en poudre*
- *1 cuillerée à café de cannelle en poudre*
- *1 cuillerée à café de racine de gingembre râpée*
- *1 cuillerée à café de piment de Cayenne*
- *6 clous de girofle*
- *1 grand verre de bouillon de légumes*
- *1 yaourt bulgare maigre*
- *Sel, poivre du moulin*

Préparation

Faites dorer les escalopes de poulet dans un faitout anti-adhésif, retirez-les et réservez-les sur une assiette.
Versez dans le faitout le cumin, la cannelle, le gingembre, le piment de Cayenne en remuant une minute afin de dégager tous les arômes.
Ajoutez les pousses de bambou rincées et égouttées et l'ail pelé et haché, salez, poivrez et faites cuire 10 minutes en remuant.
Remettez les escalopes de poulet, ajoutez un peu d'eau si nécessaire, puis laissez mijoter 5 minutes à feu doux.

Emincé de poulet aux champignons noirs

Ingrédients pour 4 personnes

- *400 g de blancs de poulet*
- *200 g d'oignons*
- *1 bocal de champignons noirs*
- *1 cuillerée à soupe de sept épices (ou à défaut de quatre épices)*
- *1 l de bouillon de légumes*
- *1 verre à moutarde de lait de soja*
- *Sel, poivre*

Préparation

Pelez et hachez les oignons, lavez, rincez les champignons, détaillez-les en lamelles.

Détaillez les blancs de poulet en lanières de 4 cm de long et 1 cm de large environ. Faites-les revenir dans une poêle anti-adhésive 3 à 5 minutes, ôtez-les et réservez-les dans un plat.

Dans la même poêle, faites revenir les oignons hachés. Ajoutez les champignons noirs, laissez cuire 5 minutes.

Ajoutez la cuillerée à soupe de sept épices, arrosez de bouillon de légumes, laissez cuire 3 minutes.

Ajoutez le lait de soja, laissez cuire encore 2 minutes et servez aussitôt.

Bœuf aux oignons

Ingrédients pour 4 personnes

- *400 g de bœuf bien maigre (rumsteck, hampe...)*
- *400 g d'oignons*
- *1 petit poivron vert*
- *1 petit poivron rouge*
- *1 cuillerée à soupe d'huile d'arachide ou de sésame*
- *1 cuillerée à soupe de sauce de soja*
- *Sel, poivre*

Préparation

Pelez et émincez les oignons. Lavez les poivrons, épépinez-les, détaillez-les en petits cubes.

Dans une poêle, faites étuver les oignons à feu doux et les poivrons dans une poêle, à l'huile végétale pendant 15 minutes. Ajoutez le bœuf détaillé en lanières, remuez, faites cuire cinq minutes en remuant constamment, ajoutez la sauce de soja, poivrez, salez si nécessaire et servez.

Boulettes de bœuf aux graines de fenouil

Ingrédients pour 4 personnes

- *400 g de bœuf bien maigre*
- *1 oignon*
- *2 gousses d'ail*
- *1 cuillerée à soupe de sauce de soja*
- *1 cuillerée à café de graines de fenouil*
- *1 cuillerée à soupe d'huile d'arachide, de sésame ou d'olive*
- *Sel, poivre*
- *Farine*

Préparation

Faites cuire le bœuf, hachez-le. Pelez et hachez l'oignon et l'ail. Mélangez ces ingrédients dans une jatte, à la fourchette. Ajoutez les graines de fenouil, la sauce de soja, formez des boulettes dans le creux de la main, roulez-les dans la farine, et faites dorer cinq minutes environ dans une poêle, à l'huile végétale.

Servez par exemple avec des crosnes sautés.

Bœuf aux carottes

Ingrédients pour 4 personnes

- *400 g de bœuf bien maigre (rumsteck, paleron, hampe...)*
- *2 oignons*
- *1 gousse d'ail*
- *200 g de carottes*
- *1 cuillerée à café rase de racine de gingembre hachée*
- *3 cuillerées à soupe de sauce de soja*
- *1 cuillerée à café de 7 épices ou, à défaut, de 4 épices*
- *1 cuillerée à soupe d'huile d'arachide ou de sésame*

Préparation

Pelez les oignons, hachez-les. Détaillez le bœuf en petits cubes. Pelez la gousse d'ail, écrasez-la. Détaillez les carottes en bâtonnets de la taille d'une allumette.

Dans un faitout, faites revenir les oignons, ajoutez les carottes, le gingembre, l'ail, puis la viande de bœuf, la sauce de soja, la cuillerée de 7 épices, remuez, faites cuire cinq minutes à feu doux et servez.

Bœuf au vinaigre de xérès

Ingrédients pour 4 personnes

- *400 g de filet de bœuf bien maigre*
- *1 oignon*
- *2 cuillerées à soupe de sauce de soja*
- *1 cuillerée de vinaigre de xérès*
- *1 poivron vert*
- *1 poivron rouge*
- *1 cuillerée à café d'huile d'arachide, de sésame ou d'olive*
- *Sel, poivre*

Préparation

Détaillez le bœuf en lanières. Lavez, épépinez les poivrons, détaillez-les en bâtonnets. Pelez l'oignon, faites-le revenir dans une poêle, à l'huile végétale, jusqu'à ce qu'il devienne transparent.

Ajoutez la viande de bœuf, faites-la cuire cinq minutes environ à feu moyen en remuant constamment, ajoutez les poivrons, salez, poivrez, laissez cuire dix minutes en remuant, ajoutez la sauce de soja et le vinaigre de xérès, disposez sur un plat et servez.

Steaks au saké

Ingrédients

- *4 steaks bien maigres*
- *1 petit verre de saké*
- *1 cuillerée à café de clous de girofle en poudre*
- *1 cuillerée à café de racine de gingembre hachée*
- *Le jus d'un demi-citron*
- *1 bocal de champignons japonais au choix*
- *1 bocal de pousses de bambou*
- *1 cuillerée à café d'huile d'arachide ou de sésame*
- *Sel, poivre*

Préparation

Dans une jatte, versez le saké, ajoutez les clous de girofle en poudre, le gingembre et le jus de citron, salez, poivrez. Placez les steaks dans cette marinade.

Pendant ce temps, rincez et égouttez les champignons et les pousses de bambou. Faites-les revenir dans une poêle, dans un peu d'huile. Salez, poivrez, faites cuire cinq à dix minutes.

Eponger les steaks avec du papier absorbant, faites-les cuire dans une poêle à l'huile végétale. Ajoutez la marinade, faites cuire encore cinq minutes, disposez les steaks dans un plat avec les légumes au milieu, nappez de sauce et servez.

Poisson

Sandre au gingembre

Ingrédients pour 4 personnes

- *200 g de sandre*
- *200 g de tofu*

Pour la marinade

- *2 cuillerées à soupe de sauce de soja*
- *1 cuillerée à soupe de saké*
- *1 cuillerée à soupe de jus de citron*
- *1 cuillerée à soupe de miel*
- *1 cuillerée à soupe de racine de gingembre râpée*
- *1 cuillerée à soupe de coriandre*
- *1 gousse d'ail*
- *1 cuillerée à soupe d'huile de sésame pour la marinade et 1 cuillerée à café pour la cuisson*

Préparation

Faites préparer la sandre par votre poissonnier. Rincez-la et essuyez-la soigneusement. Découpez-la en cubes. Découpez également le tofu en cubes.

Confectionnez la marinade en mélangeant intimement la sauce de soja, le saké, le jus de citron, le miel, la racine de gingembre râpée, la coriandre, l'ail écrasé et l'huile de sésame. Placez les morceaux de sandre et de tofu dans cette marinade, en les retournant de temps en temps afin qu'ils soient bien imprégnés sur chaque face.

Dans une poêle, faites revenir à l'huile de sésame les morceaux de sandre et de tofu pendant dix minutes environ.

Servez accompagné d'un plat de légumes ou de céréales complètes.

Tarte aux sardines

Ingrédients pour 4 personnes

- *1 rouleau de pâte toute préparée achetée au rayon « bio »*
- *5 tomates*
- *500 grammes de sardines fraîches*
- *125 g de tofu*
- *3 œufs*
- *1 petit verre de lait de soja*
- *2 gousses d'ail*
- *Thym*
- *Huile d'olive vierge extra*
- *Sel, poivre*

Préparation

Lavez les tomates, découpez-les en dés. Faites-les revenir à la poêle, dans l'huile d'olive, avec le thym et l'ail haché, salez et poivrez légèrement.
Détaillez les sardines écaillées en filets ; disposez les tomates cuites sur les fonds de tarte, enfournez-les cinq minutes thermostat 7 (200 °C) pour faire cuire la pâte.
Étalez la pâte dans un moule, faites cuire à blanc. Sortez du four, étalez-y la préparation à base de tomates. Passez au mixeur le tofu, le lait de soja et les œufs avec un peu de poivre et de sel. Versez sur la préparation à base de tomates, dans le moule. Disposez les filets de sardines en rosace, puis faites cuire sous un gril à four chaud (200 °C) pendant vingt minutes environ.

Crevettes sautées aux champignons noirs

Ingrédients pour 4 personnes

- *200 g de crevettes décortiquées*
- *200 g de champignons noirs (ou tout autre champignon japonais)*
- *200 g de tofu*
- *1 tasse de petits pois cuits*
- *1/2 poivron rouge*
- *1 oignon*
- *1 œuf dur*
- *1 gousse d'ail*
- *1/2 cuillerée à café de curry*
- *Sel, poivre*
- *Huile d'olive*

Préparation

Réhydratez les champignons. Détaillez-les en lamelles. Pelez l'oignon. Emincez-le. Faites-le fondre dans une poêle, à l'huile d'olive, pendant 5 minutes. Ajoutez les champignons, les petits pois cuits, le 1/2 poivron rouge épépiné et coupé en cubes, l'œuf dur émietté, l'ail écrasé, les crevettes décortiquées, le tofu coupé en petits cubes et le curry. Salez, poivrez, faites cuire encore 10 à 15 minutes et servez.

Boulettes de hareng frais au basilic

Ingrédients pour 4 personnes (8 brochettes)

- *500 g de filets de hareng frais*
- *300 g de tofu*
- *2 gousses d'ail*
- *50 g de farine de blé complète*
- *1 branche de thym*
- *1 branche de basilic*
- *2 cuillerées à soupe d'huile d'olive vierge extra*
- *Sel, poivre*

Préparation

Rincez le hareng, essuyez-le soigneusement dans un torchon propre. Ôtez les éventuelles arêtes. Placez-le dans le bol du mixeur. Ajoutez l'ail épluché, le thym, le basilic, 25 g de farine, salez, poivrez.

Façonnez à la main des boulettes de cette préparation. Passez-les dans le reste de farine et faites cuire 10 minutes à la poêle, à l'huile d'olive.

Vous pouvez également faire frire ces bouchées dans de l'huile d'arachide.

Saupoudrez de basilic haché et servez pour accompagner riz et céréales complètes.

Brochettes de maquereau au gingembre

Ingrédients pour 4 personnes

- *600 g de maquereau frais*
- *300 g de champignons de Paris ou de champignons japonais*
- *1 poivron rouge*
- *1 poivron vert*
- *4 tomates*
- *4 oignons*
- *2 gousses d'ail*
- *250 g de tofu*
- *1 branche de thym*
- *1 branche de basilic*
- *Gingembre*
- *Sel, poivre*

Préparation

Lavez et épluchez les champignons ou réhydratez-les, découpez-les en lamelles.
Lavez et épépinez les poivrons, découpez-les en cubes.
Pelez les oignons, lavez les tomates. Coupez-les en quatre.
Passez les filets de maquereau sous l'eau froide, essuyez-les soigneusement avec un torchon propre.
Découpez le tofu en gros cubes.
Huilez les brochettes. Garnissez-les avec les légumes, le maquereau découpé en gros dés et le tofu. Saupoudrez de thym et de basilic hachés, et de gingembre râpé.
Faites cuire 10 à 15 minutes à four chaud (thermostat 8), position gril.

Brochettes de barbue à l'aneth

Ingrédients pour 4 personnes (8 brochettes)

- *200 g de barbue*
- *250 g de tofu*
- *1 poivron vert*
- *2 tomates*
- *2 oignons*
- *150 g de champignons japonais au choix ou de Paris*
- *1 cuillerée à soupe d'huile d'olive vierge extra*
- *1 branche de thym*
- *Quelques feuilles d'aneth*
- *Sel, poivre*

Préparation

Préparez les filets de barbue, lavez-les, essuyez-les soigneusement, découpez-les en cubes ainsi que le tofu, le poivron lavé et épépiné et les tomates lavées. Faites mariner les cubes de barbue dans l'huile d'olive avec le thym et l'aneth. Lavez et épluchez les champignons ou réhydratez-les, coupez-les en deux parties dans le sens de la longueur. Pelez les oignons, découpez-les en quartiers.

Enfilez tous les ingrédients en alternance sur les brochettes, et faites cuire à four chaud, position gril, 5 minutes par face environ.

Pavés de limande au sésame

Ingrédients pour 4 personnes

- *150 g de limande*
- *150 g de tofu*
- *100 g de flocons de soja précuits*
- *1 oignon*
- *2 gousses d'ail*
- *3 cuillerées à soupe de chapelure*
- *1 cuillerée à soupe d'huile d'olive*
- *1 cuillerée à soupe de sauce de soja*
- *Graines de sésame*
- *Persil haché*
- *poivre*

Préparation

Pelez l'ail et l'oignon, hachez-les. Mixez ensemble le tofu, les filets de limande lavés, essuyés et découpés en cubes. Placez cette préparation dans un saladier. Ajoutez les flocons de soja, la sauce de soja, l'ail et l'oignon hachés, poivrez, façonnez des boules que vous aplatirez en galettes. Mélangez la chapelure et les graines de sésame que vous aurez fait griller deux minutes dans une poêle anti-adhésive. Passez les galettes dans cette préparation sur les deux faces.

Faites cuire à la poêle, à l'huile d'olive, trois à cinq minutes de chaque côté. Saupoudrez de persil haché avant de servir.

Saumon fumé au tofu

Ingrédients pour 4 personnes

- *4 tranches de saumon fumé*
- *125 g de tofu*
- *Quelques feuilles de salade verte*
- *1 petit bouquet de ciboulette*
- *1 citron*
- *1 filet d'huile de sésame*
- *Sel, poivre*

Préparation

Lavez la salade, essorez-la, essuyez-la, découpez-en les feuilles, placez-les dans un saladier. Détaillez le saumon fumé en lanières, arrosez-le de jus de citron, disposez sur la salade. Saupoudrez de ciboulette ciselée, versez un filet d'huile de sésame, salez, poivrez et servez.

Desserts

Délice au soja

Ingrédients pour 4 personnes

- *100 g d'amandes en poudre*
- *1 cuillerée à soupe d'amandes effilées*
- *250 g de tofu*
- *70 g de flocons de soja*
- *50 g de sucre de canne roux en poudre*
- *un citron non traité*
- *1 pincée de sel*

Préparation

Dans une poêle anti-adhésive, faites griller les flocons de soja avec la poudre d'amandes. Remuez pendant 3 minutes, sans interruption (attention : les ingrédients ne doivent pas brûler). Placez le tofu dans le bol du mixeur avec le jus du citron et le sucre de canne roux. Mixez jusqu'à obtention d'une crème fluide. Ajoutez les amandes et les flocons de soja grillés, mixez encore pour obtenir une préparation onctueuse. Si la préparation est trop épaisse, ajoutez un peu de lait de soja et mixez encore quelques instants.

Versez cette préparation dans des ramequins. Placez au frais et servez en dessert ou, pour les enfants, à l'heure du goûter.

Sorbet aux nashi

Ingrédients pour 4 personnes

- *4 nashi ou à défaut 4 poires*
- *60 g de sucre de canne roux en poudre*
- *Extrait naturel de vanille*
- *250 g de tofu*
- *1 citron non traité*
- *1 pincée de sel*
- *Quelques morceaux de gingembre confit*
- *Quatre feuilles de menthe fraîche*

Préparation

Placez dans le bol du mixeur les nashi pelés et coupés gros en morceaux, le sucre, l'extrait naturel de vanille, un zeste de citron non traité et la pincée de sel.
Mixez pour obtenir une préparation fluide et homogène.
Versez la préparation dans une sorbetière.
Formez des boules à l'aide d'une cuillère spéciale, disposez deux boules dans des coupes, décorez d'un morceau de gingembre confit et d'une feuille de menthe et servez.

Gâteau au tofu

Ingrédients pour 6 personnes

- *250 g de tofu*
- *500 g de fromage blanc maigre*
- *4 œufs*
- *100 g de sucre de canne roux non raffiné*
- *1 cuillerée à soupe de miel*
- *150 g de farine de blé complète non raffinée*
- *2 cuillerées à soupe de raisins secs*
- *1 cuillerée à café d'extrait naturel de vanille*
- *1 pomme*
- *1 pincée de cannelle*
- *1 pincée de sel*

Préparation

Faites gonfler les raisins secs dans une tasse d'eau dans laquelle vous aurez délayé l'extrait naturel de vanille.

Dans une terrine, mélangez le sucre de canne roux non raffiné et les jaunes d'œufs. Ajoutez la farine, le miel, le fromage blanc, le tofu passé au mixeur afin d'obtenir une crème fluide; ajoutez ensuite la cannelle, salez, mélangez bien.

Battez les blancs d'œufs en neige très ferme, incorporez-les délicatement.

Pelez la pomme, découpez-la en cubes, ajoutez-la à la préparation.

Égouttez les raisins secs, incorporez-les à la pâte.

Versez la préparation dans un moule anti-adhésif rond, et faites cuire à four chaud (200 °C) 40 minutes environ.

Salade de fruits au miel

Ingrédients pour 4 personnes

- *400 g de tofu*
- *2 bananes*
- *2 oranges*
- *2 pommes*
- *Quelques fruits rouges (framboises, fraises, groseilles, mûres, cassis…)*
- *Quelques cerneaux de noix*
- *4 cuillerées à café de sucre de canne roux non raffiné*
- *4 cuillerées à café de miel*

Préparation

Lavez et épluchez les fruits. Coupez les pommes en cubes, les oranges en quartiers, les bananes en rondelles.

Découpez le tofu en cubes.

Placez tous les ingrédients dans un bol, saupoudrez de sucre de canne roux non raffiné, versez le miel, et régalez-vous.

Mousse de kakis

Ingrédients pour 4 personnes

- *4 kakis*
- *1 citron non traité*
- *2 cuillerées à soupe de miel liquide*
- *30 g de sucre roux non raffiné*
- *250 g de fromage blanc maigre*

Préparation

Pelez les kakis, coupez-les en deux, ôtez-en les graines, recoupez-les en morceaux que vous écraserez avec une fourchette.
Lavez le citron, pressez-le, réservez quelques morceaux de zeste. Ajoutez à la purée de kakis ainsi que le miel liquide. Ajoutez le fromage blanc, le sucre, battez avec une fourchette. Battez les blancs en neige très ferme, ajoutez-les délicatement à la préparation. Versez dans des coupes, placez au frais une heure au moins et servez.

Gelée de pommes au thé vert

Ingrédients pour 4 personnes

- *1 kg de pommes*
- *600 g de sucre roux*
- *1 citron non traité*
- *25 g de thé vert*

Préparation

Pelez les pommes, détaillez-les en quartiers. Ôtez la tige et les pépins. Faites-les cuire dans un litre d'eau à petit feu jusqu'à ce qu'elles soient fondantes.

Recueillez le jus de cuisson, filtrez-le. Réservez les pommes cuites pour un autre usage (compote…).

Pressez le citron, passez son jus à travers un fin tamis. Faites bouillir 20 cl d'eau, jetez-y le thé vert et laissez infuser cinq minutes hors du feu. Filtrez.

Faites bouillir pendant cinq minutes le jus de pomme, le sucre roux et le jus de citron dans une dans une marmite et écumez. Ajoutez le thé et mettez en pots.

Gâteau de patates douces

Ingrédients pour 6 personnes

- *350 g de patates douces*
- *250 ml de lait de soja*
- *4 œufs*
- *50 g de sucre de canne roux*
- *100 g de farine de soja*
- *1 pincée de sel*

Préparation

Pelez les patates douces. Lavez-les. Râpez-les.

Dans une jatte, mélangez le sucre avec les œufs pour obtenir une pâte jaune pâle. Ajoutez le sel et la farine, remuez, versez le lait.

Placez cette préparation dans un moule anti-adhésif, et faites cuire à four chaud 45 minutes.

Gâteau aux flocons de soja

Ingrédients pour 6 personnes

- *200 g de flocons de soja*
- *75 cl de lait de soja*
- *100 g de raisins secs*
- *1 citron non traité*
- *3 œufs*
- *Amandes effilées*
- *Quelques gouttes d'extrait naturel de vanille*
- *1 pincée de sel*

Préparation

Placez les raisins secs dans un bol d'eau tiède. Pendant qu'ils gonflent, faites cuire les flocons de soja dans le lait de soja additionné d'eau avec une pincée de sel en remuant constamment.

Hors du feu, ajoutez les raisins secs égouttés, le zeste du citron, la vanille puis les jaunes d'œufs.

Battez les blancs en neige très ferme. Incorporez-les délicatement à la préparation, versez dans un moule anti-adhésif, répartissez sur la surface les amandes effilées et faites cuire à four moyen pendant 30 minutes environ.

Index des recettes

IMPRIMÉ EN FRANCE PAR BRODARD ET TAUPIN
28609 - La Flèche (Sarthe), le 17-03-2005.

pour le compte des
Nouvelles Éditions Marabout
D.L. n° 57192 - mars 2005
ISBN : 2-501-04410-X
40-9363-9/01